Laura Tuan

LE VOYAGE ASTRAL

DE VECCHI POCHE
20, rue de la Trémoille
75008 PARIS

Traduction de Maria Teresa Nicotra et Irène Nicotra

Imprimé en Espagne

Introduction: l'autre dimension, un monde au-delà de l'espace et du temps

"Monsieur X glissa doucement en dehors de son propre corps, fit une petite cabriole pour se retourner et courut à la fenêtre. La chambre résonnait de sons aigus, vibrants et colorés."

Non, il ne s'agit pas là d'un roman de science-fiction, mais de la description d'une expérience de dédoublement, d'une projection astrale.

Dans les contes de fées, on trouve souvent les traces, masquées par l'allégorie, de ces voyages effectués dans un royaume lointain. Une fille, par exemple, doit user sept chaussures en fer pour rejoindre son bien-aimé; on voit ici une allusion évidente à la distance infinie de ces lieux et à leur aspect immatériel. Les gnostiques et les kabbalistes qui cherchèrent à expliquer le mystère de la création finirent par le décrire comme la "précipitation" d'idées divines, comme la pensée transformée en matière par la magie du son. L'esprit et la matière deviennent ainsi deux expressions différentes de la même réalité: l'énergie. Et, bien que notre vision physiologique ne puisse les percevoir, cette conception suggère, suivant un schéma parfaitement logique, qu'il existe entre ces deux pôles une superposition de plans intermédiaires.

De la part physique de notre être, la plus basse et la plus

condensée, on passe, par une raréfaction progressive, à la part la plus élevée: l'esprit pur. La théosophie, qui décrit, détaille et définit l'indéfinissable, a nommé cette série de plans de plus en plus subtils: plans éthérique, astral, mental. Cependant, derrière la rigueur des termes et des étiquettes, il semble se détacher une idée que nous n'avons peut-être jamais formulée de manière consciente: il existe quelque chose au-delà du tangible, une dimension différente dans son aspect extérieur, mais semblable, dans sa structure, à l'essence du monde que nous connaissons bien. Pour comprendre cet état différent de la réalité, nous devrions évidemment commencer par modifier notre jugement, resté immuable, sur les conceptions souveraines de notre plan: l'espace, le temps, la matière.

La matière n'est pas seulement ce que nous arrivons à percevoir par l'intermédiaire de nos sens, en annulant la réalité de l'invisible simplement parce qu'elle nous échappe. De même, le temps et l'espace, deux conceptions séparées et éloignées dans la pensée humaine, peuvent coïncider dans d'autres plans et, de ce fait, s'annuler. Il faut comprendre tout cela pour pouvoir accéder à ce nouveau langage qui parle de corps subtils, de distances couvertes à la vitesse de la lumière, de mémoire du monde, d'éthérique et d'astral. Il est nécessaire de faire table rase des vieilles conceptions cartésiennes et des schémas sclérosés appris à l'école. Laissez votre professeur se moquer de la description d'un corps subtil!

L'accès à une autre dimension exige peut-être moins de logique et plus de sensibilité. L'intuition et une perception subtile vont se transformer petit à petit en une sorte d'échelle qui vous conduira vers le haut, vers une compréhension du subtil progressivement plus claire et un désir croissant de découvrir davantage.

Voyageurs de l'infini

La technique du dédoublement, présente dans presque toutes les cultures, vient du désir d'outrepasser les limites de la matière. Cette pratique nous montre qu'il existe quelque chose d'autre au-delà des limites de nos sens. En outre, de par sa ressemblance avec la mort, l'art de sortir de son propre corps physique, clef de tous les anciens rituels initiatiques, ouvre la voie à toute connaissance ésotérique.

Depuis l'ère spatiale l'homme trouve la terre trop petite pour lui. Toutefois, aussi loin que l'on remonte dans le temps, jamais les plantes, les espaces et les êtres innombrables peuplant notre planète ne lui ont véritablement suffi. Depuis Icare et jusqu'aux astronautes de notre monde contemporain, du chaman à l'ascète, il n'existe qu'un seul rêve: aller au-delà de la mer, au-delà du ciel, au-delà de la matière même qui constitue le plan de notre existence.

Si, parmi les substances qui le composent (comme le sang, la lymphe, les tissus osseux et musculaires), il n'y avait pas aussi quelque chose de plus impalpable, une étincelle d'infini, l'homme ne sentirait pas dans sa vie pressée, entre un repas rapide et un autobus, entre une course et une autre, ce sentiment inexplicable de manque. Il n'y aurait pas alors de mouvements religieux ni de courants mystiques. Or ceux-ci jaillissent partout dans le monde; bien qu'ils diffèrent par leurs rituels et leurs croyances au point d'être souvent en lutte, ils possèdent tous un dénominateur commun: le besoin de ce “quelque chose”, un désir de revenir en arrière, de retrouver l'infini d'où nous sommes issus.

Une fois libérés de la présomption qui veut que nous nous considérions comme les seuls habitants de l'univers, en accordant uniquement à la matière le privilège de la vie, croire à la réalité d'autres mondes, de formes de vie différentes, de corps lumineux immatériels devient possible, sinon même évident et naturel. Effectivement, toutes les cultures ont fini par formuler des théories, perfectionner des techniques ou donner des traités dans ce domaine. Toutes les mythologies décrivent des lieux magiques et des temps passés où la vie était facile, sans la mesquinerie et la détresse caractérisant l'existence humaine. Toutes les religions évoquent un autre monde, manifestation d'un infini que chaque homme renferme en lui, et qui, quoique vivace, se trouve obscurci par la bouteille de Coca-Cola, l'argent, la voiture, la compétitivité... Un autre monde où nous allons tous accéder après la mort mais ouvert, pour l'initié, même au cours de la phase de l'existence terrestre. Qu'il soit prêtre ou sorcier, l'initié est celui qui, à travers le rite, est passé par l'expérience symbolique de la mort, c'est-à-dire qu'il est mort à sa condition de profane, d'être matériel, pour atteindre une dimension différente.

La porte de communication entre ce monde et les autres s'ouvre devant lui, lui permettant de passer à son gré d'un côté à l'autre. Alors qu'à la vision physiologique des autres il apparaît immobile dans un sommeil semblable à la transe, son corps subtil voyage et peut essayer d'interroger les morts ou accompagner les mourants.

Le royaume de la mort est nécessairement celui de la connaissance et, pour pouvoir y parvenir, nous devons subir la mort, ce passage d'état à un autre, effrayant et attirant, ce retour à l'infini d'où nous venons. La mort marque le détachement de la partie subtile de l'homme, celle que la religion, de manière simpliste, nomme "âme" et dans laquelle l'ésotérisme distingue différentes parties, de plus en plus immatérielles, destinées à se désintégrer dans le temps, ceci seulement après un long séjour dans des plans eux-mêmes de plus en plus raréfiés.

La mort n'est donc pas une fin, mais un point de départ vers d'autres plans et d'autres façons d'être, après avoir abandonné dans la dimension matérielle, l'enveloppe physique qui y avait été générée et accueillie, bien que soumise à des contraintes telles que la faim, la soif, la maladie.

Ceux qui ont appris à se dédoubler suivant l'exemple des grands maîtres du passé ont franchi le seuil de l'au-delà et ont créé une voie leur permettant de l'atteindre et de le quitter à leur gré. Eux aussi, lorsque le moment sera venu, mourront, l'art de se dédoubler n'étant pas synonyme d'éternité. Cependant, durant leurs voyages hors de leur corps, ils auront connu de nombreuses autres entités, des formes de vie différentes, d'autres façons d'être. Ils auront découvert le manque de valeur du temps, bénéficié de prédictions ou de conseils grâce auxquels ils auront pu mieux vivre sur la terre; ils auront retrouvé cette étincelle d'infini dont inconsciemment ils ressentaient le manque. Enfin, ils auront appris le chemin qu'au terme de l'existence tous doivent connaître: eux rendus sereins par leur savoir, et les autres, pleins d'angoisse et d'effroi, regrettant d'avoir uniquement cru à la tangibilité de notre plan matériel.

En Égypte, l'aspirant au sacerdoce, à la prophétie, à la magie, enfermé dans un lourd sarcophage, était "dédoublé" par les maîtres au moyen de savantes techniques et rappelé à la vie pour recevoir le sacrement de l'ordre après un séjour de plusieurs jours dans l'au-delà. Il en était de même pour le chaman ou le sorcier qui, tué symboliquement dans l'obscurité d'une cabane, au milieu d'une forêt dense, faisait l'expérience du passage dans l'au-delà par des sensations extrêmes de terreur, de faim, de douleur physique (dent arrachée, doigt coupé, blessures diverses, brûlures, circoncision), cela afin d'y voyager à sa guise.

En Inde, le passage dans des dimensions différentes fait partie des pratiques du yoga, véritable mode de vie très complexe qui, en intervenant sur tous les plans de l'être: le physique, le mental et le spirituel, amène l'adepte à rejoindre la divinité. À travers le contrôle du corps d'une part, grâce à la pratique de la respiration contrôlée (*prânayama*), de postures et de contractions particulières (*âsana* et *bandha*), grâce à un régime alimentaire et à l'hygiène du corps et, d'autre part à travers l'esprit, grâce à la concentration, la méditation, la récitation de formules particulières (*mantra*), la visualisation de dessins symboliques (*yantra*), le *sadhu* (pratiquant) atteint la maîtrise du Moi et la domination de toutes les lois de l'univers. Ainsi se produisent ces phénomènes extraordinaires qui, du moins en Occident, paraissent incroyables: l'invisibilité, le dédoublement, la matérialisation d'objets et de fruits, les guérisons miraculeuses.

Au Tibet, que l'on peut considérer un peu comme le berceau de la pratique du dédoublement, il n'est pas rare de communiquer entre monastères fortement éloignés et difficilement accessibles du fait de roches et de glace. Le corps subtil assure la liaison, alors que le corps matériel qui, lui, craint la faim, la fatigue et les dangers d'un long voyage, reste au couvent en toute sécurité. Selon les affirmations d'Alexandra David Neel, on peut rencontrer facilement au Tibet des personnes qui, après avoir été endormies, racontent avoir possédé, dans l'au-delà, un corps très léger et qu'il était suffisant de souhaiter de se trouver dans un lieu quelconque pour l'atteindre immédiatement, en franchissant tout obstacle. Ces personnes, qui sont revenues de l'infini, des mondes subtils et des royaumes des morts, sont appelées *Delog*, c'est-à-dire les voyageurs de l'au-delà.

Même dans la religion chrétienne, pourtant opposée à tout ce qui apparaît occulte ou magique, il existe des cas de dédoublements parmi ses saints. Plongés dans leurs prières, dans une extase commune, sadhu indien, lama tibétain initié aux mystères d'Éleusis ou soufi arabe, malgré des terminologies différentes, apparaissent ailleurs, agissent et parlent sans jamais se réveiller du sommeil mystique dans lequel ils étaient plongés.

Pour l'homme, se dégager de son corps aux dimensions trop étroites, de cette terre trop petite, est une expérience vieille comme le monde, qu'il a toujours crainte, toujours recherchée, avec toute la peur et la curiosité dont il est capable. En lançant nos missiles et nos sondes dans l'espace à la recherche d'autres mondes, nous ne faisons rien de différent, de ce que faisaient il y a six mille ou sept mille ans les prêtres égyptiens ou les chamans sibériens, peut-être avec moins de technologie, mais sûrement plus de connaissances ésotériques. Qui sommes-nous, d'où venons-nous, où allons-nous? Telles sont les éternelles questions qui nous tourmentent.

Nous sommes à la fois les habitants de la terre, d'une matière solide qui nous enveloppe, et les créatures de l'espace qui nous a générés vers lequel notre pèlerinage éternel, où la seule loi valable semble être celle du changement et de la transformation continuelle, tend à nous ramener.

En conclusion, pourquoi sortir de son enveloppe corporelle? Le secret du dédoublement comprend deux enseignements essentiels: la certitude qu'il existe, au-delà de la matière perçue par nos sens limités, une réalité plus grande, capable de calmer nos angoisses existentielles. Ceux qui, après un état de coma, sont revenus de l'au-delà, transformés, ouverts à une foi qu'ils ne connaissaient pas, témoignent être libérés de la peur de la mort.

Celui qui souhaitera expérimenter le voyage hors du corps, aura surmonté l'épreuve extrême de la confrontation avec la mort, ce qui lui permettra d'acquérir une grande force intérieure. Le dédoublement peut être considéré comme une leçon initiatique de vie, prémices pour toute approche de la connaissance.

Le dédoublement

La sortie, spontanée ou volontaire, consciente ou inconsciente, projection du corps subtil en dehors de l'enveloppe charnelle, suppose comme condition de base un état parfait de détente physique. Des situations telles que le sommeil, le coma, la faiblesse physique, la méditation, constituent donc des facteurs favorables, soutenus, lorsque le dédoublement est volontaire, par une sereine et forte détermination.

DÉFINITION

Dédoublement, ubiquité, **OOBE** *(Out of Body Experience)*, extériorisation, dissociation, expérience extra-corporelle, voyage, projection ou sortie astrale: une dizaine de termes pour indiquer le même phénomène d'ordre mi-matériel et mi-supra-physique: la dissociation du corps subtil et sa permanence temporaire plus ou moins manifeste en dehors de l'enveloppe physique.

QUAND SE DÉDOUBLE-T-ON?

Il paraît que chacun d'entre nous a vécu au moins une fois

au cours de son existence, de manière inconsciente et plus rarement volontaire, une expérience extra-corporelle. La vie nous offre un nombre infini d'occasions de dédoublement, dans une gamme allant de l'activité normale de la veille jusqu'à la mort, la projection astrale sans retour. Il est possible de se dédoubler pendant le sommeil ou au cours des rêves, notamment au cours des scènes oniriques de chute ou de vol. Certains soutiennent qu'un léger dédoublement, même de quelques centimètres, constitue une caractéristique constante du sommeil, lequel recharge de cette manière l'organisme en énergie cosmique. De même, des périodes plus ou moins longues d'extériorisation peuvent être la conséquence d'un état de souffrance psycho-physique, par exemple une anesthésie, une opération chirurgicale, un accouchement.

Traumatismes, accidents, chocs, chutes violentes vers l'avant, situations de stress, hyperexcitation nerveuse, intoxication, asphyxie, anoxie, hyperventilation, somnambulisme, évanouissement, tous sont des causes involontaires de dédoublement. En revanche, la transe, l'hypnose, la magnétisation, l'emploi de substances stupéfiantes et de narcotiques, les pratiques du yoga et de la méditation fondées sur des techniques respiratoires particulières constituent le terrain idéal pour provoquer ce phénomène.

COMMENT CELA SE PASSE-T-IL?

On parle de dédoublement involontaire lorsque, sans en avoir l'intention ni avoir utilisé des techniques particulières, et souvent avec un sentiment d'effroi et de surprise, on se retrouve projeté hors de son propre corps, à la suite d'une des conditions mentionnées plus haut. L'extériorisation volontaire implique par contre un désir, un acte de volonté qui s'appuie presque toujours sur des pratiques spécifiques.

Les techniques orientales, la transe, l'hypnose, représentent les piliers de cette forme de dédoublement, la moins fréquente car la plus difficile à obtenir et à garder en mémoire. En effet, indépendamment de l'intervention de la volonté, la personne qui se dédouble n'est que rarement consciente de toutes les phases qu'elle traverse. Le moment de la sortie et de la rentrée dans le corps physique est particulièrement propice à de véritables *black-out*, des interruptions momentanées du flux de la conscience. Le souvenir de l'expérience apparaît, dans ce cas, vague, entre des moments d'obscurité totale et de lucidité. Dans la plupart des cas, on ne se souvient de rien. On se réveille en sursaut, effrayé, éprouvant une sensation de chute et la sensation d'être assis sur son lit; mais on se rend bientôt compte que l'on n'a pas bougé, du moins physiquement, les draps n'étant pas en désordre. La censure psychique a tiré un rideau sur cette expérience, sans doute encore trop traumatisante pour les néophytes, la refoulant dans les méandres de l'inconscient. Nous nous sommes dédoublés, mais nous n'en sommes pas conscients, nous ne savons pas ce que nous avons vu, fait ou éprouvé. Parfois il nous reste, comme un vieux billet de train dans une poche, un souvenir de scènes oniriques plutôt étranges, un détail tout à fait absurde qui nous fait sourire ou qui nous surprend.

Les connaisseurs font dans ce cas la distinction entre catalepsie astrale (le double reste, pendant toute la durée de l'extériorisation, debout et immobile à quelques mètres du corps physique), et somnambulisme astral (le double bouge et visite des lieux et des personnes dont le souvenir restera filtré par le rêve). On parle enfin de dédoublement total lorsque le phénomène implique tout le corps subtil, et dédoublement partiel lorsque la sortie est limitée à une partie seulement du corps, comme par exemple un membre.

CLASSIFICATION DES PHÉNOMÈNES D'EXTÉRIORISATION

E. Bozzano, parapsychologue contemporain, distingue les phénomènes de dédoublement en cinq grandes classes:

- la sensation du membre amputé chez les mutilés et l'impression d'avoir un corps complet chez les hémiplégiques, qui prouvent la permanence du corps subtil, même là où le physique a subi une mutilation;
- le dédoublement conscient dans le corps physique, le sujet percevant son double;
- le dédoublement avec transfert de la conscience dans le double, le corps astral percevant l'enveloppe physique;
- le dédoublement inconscient, dans le sommeil ou le rêve, le double étant perçu uniquement par les autres;
- le dédoublement conscient dans le physique et dans l'astral (très rare).

COMBIEN DE TEMPS CELA DURE-T-IL?

Un dédoublement peut durer soit quelques instants, dans le cas où un bruit soudain ou une peur excessive attirent de nouveau le corps subtil dans le corps physique, soit pendant plusieurs jours ou même quelques semaines dans des situations telles que le coma. Pour les occidentaux, la permanence en astral de ces ascètes qui résistent sans nourriture et sans eau pendant parfois plus de deux mois dans un état de léthargie paraît sans aucun doute incroyable.

QUI SE DÉDOUBLE?

Tout le monde peut naturellement se dédoubler: hommes,

femmes, enfants; il semble que le plus jeune des voyageurs astraux dont le cas ait été reporté sur les statistiques n'était âgé que de dix-huit mois. Cependant, en raison de la charge émotionnelle que ces expériences contiennent, il est conseillé d'attendre pour un dédoublement volontaire dix-huit ou vingt ans et d'arrêter la pratique avant l'âge sénile.

Ce ne sont pas seulement les êtres humains qui ont le privilège de faire une telle expérience: il paraît que même les animaux le peuvent. Le psychologue Nandor Fodor raconte à ce propos une anecdote très étrange. Il possédait un chien qui avait une habitude hors du commun; à chaque fois qu'il voyait le clavier d'un piano ouvert, il se précipitait pour en tirer des sons avec ses pattes... Obligé pour certaines raisons de céder son animal à des amis, Fodor ne put en croire ses oreilles lorsque dans le silence de la nuit, il reconnut ces sons discordants de débutant à quatre pattes, bien que la pièce fût vide et le chien à quelques kilomètres de distance. Il s'agissait donc d'un de ces rares cas d'extériorisation qui nous amène à croire qu'un tel phénomène existe même chez les animaux: attiré par le clavier qu'il aimait particulièrement, le corps subtil du chien s'était détaché de son corps physique pour atteindre l'objet désiré.

LES CONDITIONS INDISPENSABLES AU DÉDOUBLEMENT

L'absence totale d'excitation musculaire constitue la condition de base du dédoublement, qui est justement fréquente lors d'état de faiblesse ou d'un évanouissement, pendant le sommeil, la méditation et sous hypnose où le corps est extrêmement détendu.

En cas d'extériorisation volontaire, l'inertie physique doit être accompagnée dans une certaine mesure par la tension mentale. La volonté de se dédoubler, l'envie de nourriture, de boissons, le désir de la présence d'une personne aimée et absente, l'aspiration à revoir un lieu lointain, s'avèrent être des facteurs agissant dans cette direction et permettant de créer et de garder le bon équilibre entre torpeur et conscience.

LES HYPOTHÈSES QUI CONFIRMENT L'EXISTENCE DU DÉDOUBLEMENT

Il n'est pas facile d'accepter la réalité du dédoublement. Malgré les techniques, les statistiques et même les expériences vécues, cette branche de l'occulte aussi nuancée, aussi intangible, demande au pratiquant des révisions, des preuves, des vérifications continuelles.

Ce n'est évidemment pas la crédibilité de ce phénomène qui est mise en cause, mais plutôt sa définition, car celle-ci est tellement floue qu'on peut confondre le dédoublement avec d'autres domaines proches du paranormal.

Même, si dans de très nombreux cas, l'on dispose d'une bonne documentation, le dédoublement risque d'être pris (parfois par le pratiquant lui-même) pour un rêve télépathique, pour un épisode de clairvoyance, ou pour un phénomène de matérialisation de la pensée (idéoplastie). Nous souvenons-nous de détails d'un lieu lointain que nous connaîtrions parce que nous y sommes allés avec notre double ou parce qu'ils ont été perçus par notre faculté de clairvoyance? Sommes-nous réellement apparus en astral à X ou ne s'agit-il pas plutôt d'une hallucination télépathique provoquée par la pensée?

La parapsychologie reste souvent douteuse face aux questions qu'elle-même se pose et pour lesquelles il n'y a pas toujours de réponses. La médecine et la psychologie qui travaillent sur des bases plus matérialistes tendent, comme il est prévisible, à classer le phénomène en l'expliquant, la première, comme des altérations du périphérique; la seconde, comme des manifestations hystériques ou des dédoublements de la personnalité. Loin d'avoir une attitude aussi sceptique, nous accordons aux hypothèses du dédoublement toutes les chances qu'elles méritent, sans pour autant vouloir croire à tout les yeux fermés. Dans le domaine du paranormal, on entend souvent parler de l'invisible et de l'occulte, comme s'il s'agissait d'objets matériels ordinaires, avec le risque de construire des châteaux sur des fondations d'argile.

L'ouverture d'esprit n'implique pas nécessairement la crédulité et le manque d'esprit critique (qui sont sujets aux déceptions les plus fortes). La disponibilité à écouter, à expérimenter et à vérifier sans fanatisme ni esprit partisan, représente dans tous les domaines de la recherche du subtil, y compris le dédoublement, l'attitude la plus saine et qui donne le plus de fruits du point de vue des découvertes, des expériences et des réponses.

Le corps astral

Outre son corps matériel, directement perçu par les sens, et son âme, article de foi éternel et spirituel, l'être humain est composé d'une série de corps subtils, de plus en plus raréfiés, eux-mêmes constitués d'une substance impalpable et lumineuse.

Bien qu'ils ne soient pas éternels, les corps subtils sont destinés à survivre à la mort du corps physique et à rester pendant une certaine période de temps dans d'autres dimensions, dans des plans subtils où l'on mène une existence libre et heureuse. Les deux premiers des cinq, sept ou neuf corps subtils que compte la tradition, l'éthérique et l'astral, peuvent abandonner, spontanément ou grâce à des techniques particulières l'enveloppe matérielle et s'en éloigner, voyageant à la vitesse de la lumière dans l'espace, pendant un laps de temps plus ou moins long.

"De même qu'il existe un corps animal, il existe un corps spirituel", écrit Paul aux Corinthiens; les Grecs et les Persans mentionnaient aussi, outre le corps physique, un corps sensible et un corps intelligent. Les Égyptiens parlaient de *kat* (corps physique), *kal* (double) et *kul* (intelligence).

Dans le Purgatoire de Dante, on trouve une "âme semblable pour son aspect et pour ses dimensions, à sa forme vivante". Dans presque tous les contes et les légendes, on raconte l'apparition de morts, de sorcières et de sorciers volants, "doubles" de leurs corps: *Wraith* en Angleterre, *Doppelgänger* en Allemagne.

Mais ce n'est qu'après le silence du Moyen Âge, dominé par la dichotomie religieuse entre le corps et l'âme, que la question se pose à nouveau. En 1500, le néo-platonicien Fernel affirme que, dans la mesure où l'âme et le corps physique ont une nature opposée, il doit exister une troisième entité intermédiaire, composée de matière sidérale et pour cette raison sensible aux influences des astres.

La croyance en d'autres corps, dans d'autres plans de l'existence, considérée comme nouvelle pour nos confuses années positivistes, se révèle donc vieille comme le monde et se présente à nous comme un héritage ancestral. Quel que soit le terme avec lequel on le désigne, corps subtil, corps lumineux, corps fluide, corps radiant, corps de la résurrection, corps du désir, corps spirituel, le double se place comme quelque chose d'intermédiaire, en même temps physique et supra-physique, une matière raréfiée ou un esprit dense, selon le point de vue. Quelque chose capable de survivre longtemps à la désintégration de la matière, quelque chose de subtil sur lequel agissent les influences impalpables des étoiles et les armes immatérielles (les filtres, les magies, la médecine alternative).

Des neuf, sept ou cinq corps aux échelons de subtilité progressifs, les véhicules de l'âme énumérés par les théosophes: le physique, l'éthérique, l'astral, le causal et le mental, seuls les deux premiers nous intéressent, outre le physique, car ils sont directement liés au phénomène du dédoublement. Les représentants du courant théosophique, Mme Blavatsky, Olcott, A. Powell, A. Besant, etc., en s'appuyant sur des doctrines ésotériques orientales, fournissent des descriptions longues et détaillées, de véritables traités sur les corps et les plans subtils qui nous serviront de référence avec une prudence légitime.

CLASSIFICATIONS DES CORPS SUBTILS

LE CORPS PHYSIQUE (*rupa*)

Il est destiné aux fonctions physiologiques.

LE CORPS ÉTHÉRIQUE (*linga sarira*)

C'est la reproduction exacte dépourvue de conscience du corps physique, dépendant fortement de celui-ci et vivant sur le même plan. Après la mort du corps physique, il peut survivre pendant quelques jours au maximum. Le corps éthérique est destiné à l'absorption de l'énergie subtile qui circule partout dans l'univers (*prâna*) et au maintien de la santé. Il a une fonction d'intermédiaire entre l'enveloppe matérielle et le corps astral.

Ses dimensions sont légèrement supérieures à celles du corps physique, duquel il enveloppe chaque particule de matière sans s'en éloigner. La séparation se produit avec difficulté et elle est presque toujours limitée aux sujets médiumniques avec une production conséquente de phénomènes physiques (matérialisation, apparition d'ectoplasmes). Dans ce cas, le corps éthérique se manifeste sous forme d'une fumée lumineuse gris-violet. La partie perceptible qui dépasse de quelques centimètres à peine le corps physique, lorsque les deux sont unis, s'appelle aura. Il s'agit, lorsqu'on a à faire à un individu équilibré psychiquement et physiquement, d'un halo constitué de stries droites, ou bien de stries ondulées, en cas de maladie. Les expériences réalisées par M. von Reichenbach, qui définit l'aura OD, et ensuite par les époux Kirlian au moyen d'un appareil photographique qu'ils avaient eux-mêmes mis au point, en ont démontré scientifiquement l'existence ainsi que la visibilité.

LE CORPS ASTRAL (*kamapura*)

Du grec *aster* = lumineux. Il est ainsi appelé pour sa luminosité. C'est l'ouvrier caché de Paracelse, le défenseur et le régulateur de diverses fonctions de notre organisme. Lorsqu'il est uni par bipolarité au corps physique, il en perçoit les sensations, les passions et les sentiments, mais lorsqu'il en est séparé, il ne sent plus la douleur physique et ne présente plus les anomalies fonctionnelles de l'enveloppe matérielle. Lors du dédoublement ou au moment de la mort, il a tendance à retourner sur les lieux où il a vécu, près des personnes qu'il aime. Siège de la conscience subliminale, doté de sens astraux, il est le responsable de la vie émotive et de la perception extra-sensorielle (ESP): clairvoyance, télépathie. Le corps astral est composé de matière astrale, elle-même faite d'atomes lumineux éloignés les uns des autres, très mobiles et vibrant à des vitesses très élevées que H. Carrington appelle psychomères. Doté d'un poids d'environ 50-60 grammes et d'une densité égale à un millionième de celle du corps physique, le corps astral est pratiquement de l'énergie pure; en tant que telle il pénètre et meut la matière. Il est plus petit que le corps physique et peut s'éloigner de celui-ci de milliers de kilomètres, si toutefois le lien qui les unit, appelé corde d'argent, reste intact et n'est pas affecté par l'extériorisation.

De couleur gris bleuâtre, le corps astral apparaît dans les individus peu évolués comme une masse amorphe, nébuleuse et presque opaque; mais avec la spiritualisation progressive de l'individu, son aspect acquiert une certaine transparence et ses contours deviennent plus nets. L'aura du corps astral, dont l'étude semble être très intéressante car ses couleurs révéleraient l'état de santé et les sentiments de l'individu, s'étend en moyenne de 45 centimètres environ hors du corps physique, en augmentant progressivement son rayon proportionnellement à l'évolution intérieure. On raconte à ce propos que l'aura de Bouddha mesurait jusqu'à 5 kilomètres! Les couleurs de l'aura dépendraient de la densité de la matière astrale qui, lorsqu'elle est grossière, a des vibrations lentes, et lorsqu'elle est spirituelle, des vibrations rapides. Une aura noire indiquerait la haine; le rouge correspondrait à la colère, à l'irritabilité, à la sensualité; le gris à l'égoïsme, à la dépression, à la peur; le rose et le lilas à l'amour, le jaune à l'intellect, le brun verdâtre à la jalousie et à la tromperie, le bleu à la dévotion et à la spiritualité, l'orange à l'orgueil et à l'ambition, avec une distribution de couleurs et de sentiments positifs dans la partie supérieure du corps, et négatifs dans la partie inférieure.

Le corps astral d'une personne heureuse apparaîtrait donc resplendissant, très mobile dans les révolutions de ses particules, avec un mélange prédominant de couleurs lumineuses, le jaune, le bleu ciel, le rose, aux contours bien déterminés. Le rouge, le noir, le gris et le marron aux vibrations lentes caractériseraient, en revanche, l'individu peu évolué, farouchement attaché à la matière.

Toutes les passions, les appétits, les désirs, les sentiments d'attraction et de répulsion vécus par la personne traversent son corps astral en l'imprégnant et en le colorant. En effet, il est d'abord le siège des sensations, puis le véhicule de la conscience qui, après la mort, y cherche un abri et y reste durant 20 ou 30 ans, enfin l'intermédiaire entre le plan physique et les mondes plus éthériques.

La médecine chinoise fait une relation entre les passions, les sentiments et l'état des organes physiques correspondants. La faiblesse du poumon est cause par exemple de tristesse et se manifeste par une prédilection pour les aliments pimentés. Le déséquilibre du foie (responsable de la colère), cherche une compensation dans les aliments acides, le cœur (l'excitation), dans les aliments amers, la rate (le souci) dans les sucreries, le rein (la peur) dans les aliments salés. Nous sommes ce que nous mangeons. De la nourriture dépend non seulement notre équilibre énergétique, mais également nos caractéristiques, appelées psychiques en Occident.

Les aliments naturels frais que les Hindous appellent *sattwici* (céréales, légumes, fruits) vont ainsi créer des sentiments positifs. Les viandes, le tabac, l'alcool, les excitants (drogues, café, thé), qui sont des produits non naturels et conservés (pour les Hindous, *tamasici*) auront, en revanche, tendance à affaiblir la sensibilité du corps astral en l'orientant vers des formes négatives et dangereuses de matérialisme grossier ou de dépression. La barrière des atomes rapprochés — qui s'interpose entre le corps éthérique et le corps astral comme protection naturelle contre le souvenir conscient d'expériences ultrasensibles encore traumatisantes pour ceux qui n'y sont pas encore prêts — est en outre densifiée et souvent lacérée par l'absorption de ces produits, ainsi que par le stress et les traumatismes. Les conséquences sont graves: délires, obsessions, brutalité.

Il est presque impossible pour l'individu non évolué de garder le souvenir de ses expériences extracorporelles, en réalité peu fréquentes et peu significatives. Le développement insuffisant du corps astral est directement responsable de l'incapacité de se dédoubler et de la discontinuité de la conscience (due parfois à des accidents, des traumatismes ou à la drogue). Pour pouvoir atteindre cette conscience, il ne faut pas exercer des contraintes violentes sur une entité qui n'est pas encore mature.

Les gifles et les vitamines n'ont jamais permis d'élever les enfants; c'est une éducation douce et en même temps solide qui leur permet de s'épanouir naturellement. Le corps astral doit être traité de la même façon pour qu'il puisse, en s'éveillant et en évoluant, tirer de l'expérience de son existence, et notamment du dédoublement, des leçons positives qui le stimuleront par la suite dans le chemin qu'il a entrepris. Même le milieu dans lequel nous vivons a son importance: un jeu continu, un échange d'influences vibratoires ont le pouvoir de nous rendre gais ou de nous déprimer, de nous rendre plus spirituels ou plus matériels selon la qualité des individus qui nous entourent et des actions qu'ils accomplissent.

Tout événement, tout objet, tout être vivant, a une histoire qui laisse des traces subtiles et permanentes même après sa disparition matérielle. On connaît les expériences faites par certains médiums qui, en exerçant une faculté extra-sensorielle particulière, peuvent entrer en contact avec un objet ou un milieu particulier et raconter son histoire invisible. Même la personne la plus simple, la plus fruste est capable de sentir, au niveau des vibrations, la différence entre une église et une auberge, entre une boucherie et un cimetière. Une certaine sensibilité est déjà suffisante pour éprouver des sensations inexplicables de malaise en présence de personnes peu évoluées, de malades ou lors de regroupements importants de foules.

La matière astrale et éthérique enrobe totalement les atomes physiques en réalisant une pénétration totale et une coexistence spatiale. Pendant le dédoublement, un milieu positif n'est plus seulement important, mais il devient essentiel, car le corps physique, à la sortie de l'astral, est pénétré par l'environnement qui doit donc être nécessairement de bonne qualité.

LE CORPS MENTAL (*manas* inférieur)

C'est le siège de l'intelligence. Après la mort, il vit beaucoup plus longtemps que le corps astral dans un plan encore plus subtil et dans des conditions de liberté et de perfection qui peuvent être assimilées au paradis. Sa forme de bulle, parfois ovoïde, toujours lumineuse, se manifeste très rarement au-dessus du corps physique. Mais les représentations des saints dont la tête est entourée d'une auréole laissent supposer que le corps mental puisse être perceptible.

LE CORPS CAUSAL (*manas* supérieur)

C'est le siège de la volonté et de la mémoire. Il est représenté par une petite flamme. La théosophie continue ensuite sa classification en citant l'*âme morale*, représentée par un petit soleil destiné à la distinction entre le bien et le mal, l'*âme intuitive*, en forme d'épée, chargée des rapports avec l'esprit, l'*âme consciente*, ou *âtman*, siège du Moi, conçue comme une coupe, et enfin l'*esprit pur*, la conception pure, la particule divine éternelle. Mais au-delà de ces distinctions théoriques, trop souvent artificielles et difficiles à saisir, on peut tirer deux conclusions:

— les corps subtils, de plus en plus raréfiés, peuvent, par des scissions progressives les séparant les uns des autres, continuer à vivre une forme différente d'existence après la mort du corps physique;

— étant constitués de matière, bien qu'impalpable, ces corps subtils ne possèdent pas la caractéristique de l'éternité, typique de l'esprit; comme le corps physique, après une période dans le plan subtil qui leur est propre, ils sont soumis à la désintégration jusqu'à l'annulation totale de la matière. C'est à partir de ce moment que, selon la pensée orientale, commence une nouvelle réincarnation. Selon les religions occidentales, l'âme, graduellement purifiée et dépouillée de la matière qui l'enveloppait au cours du passage dans les plans successifs, gagne pour l'éternité l'accès au royaume de l'Esprit.

L'ANATOMIE OCCULTE

Revenons un instant en Orient, berceau de toutes les doctrines ésotériques. La littérature du tantrisme indien nous révèle qu'aux canaux du corps physique (*anga*), parcouru par les nerfs et les vaisseaux sanguins, correspondent, dans les corps subtils, de nombreux canaux énergétiques (*nâdî*), destinés au transport du *prâna*, énergie subtile qui circule dans l'univers (voir illustration n° 1). Ce sont:

• *Sushumnâ*, canal central qui court le long de la colonne vertébrale à partir de *Kanda mûlâ* (centre bulbeux situé entre les organes génitaux et l'anus) jusqu'au sommet de la tête. Si l'on fait un rapprochement avec le point de vue occidental, il correspondrait au système nerveux central.

• *Idâ*, canal de polarité négative, féminin, lunaire, négatif; il s'allonge sinusoïdalement depuis le bulbe que l'on vient de mentionner jusqu'à la narine gauche. Il représente le système nerveux parasympathique.

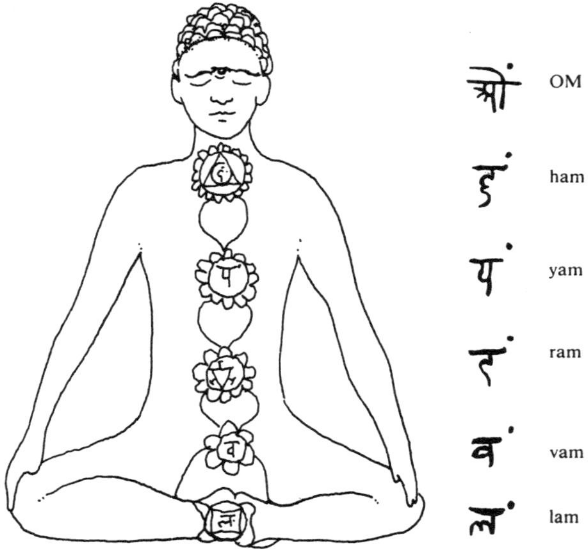

Figure 1. Les chakra

• *Pingalâ*, canal de polarité positive, masculin, solaire, en position symétrique par rapport au canal précédent. Il part de la même zone et, croisant l'autre en plusieurs points, atteint avec un mouvement de spirale la narine droite; il correspond au système nerveux sympathique. Idâ et Pingalâ rencontrent sept fois Sushumnâ sur l'axe central du corps et forment ainsi les *chakra* (sanskrit: roue), nom donné aux centres du corps subtil, nœuds ou vortex d'énergie de forme arrondie (diamètre 5 à 15 centimètres) que l'on pourrait comparer sur le plan physique au plexus nerveux et aux glandes endocrines.

L'aspect des chakra dépendrait, selon A. Powell, du degré d'évolution de l'individu; ils seraient lents et peu lumineux dans les personnes grossières et, en revanche, très brillants et tourbillonnants chez ceux qui sont habitués aux pratiques spirituelles.

LES SEPT CENTRES DU CORPS SUBTIL

Les fonctions de ces centres subtils, présents dans le corps éthérique ainsi que dans l'astral, seraient l'accumulation et la distribution de l'énergie de l'univers ainsi que la fonction de médiation entre les plans immatériels et le corps physique. Les rayons d'énergie pénétreraient perpendiculairement en faisant ressembler ces disques immatériels à des fleurs de lotus aux couleurs diverses et au nombre variable de pétales. C'est ainsi que la tradition décrit les *chakra* en partant du sol.

- *Mûlâdhâra* (*mûlâ*: racine) est situé à la base du tronc entre l'anus et les organes génitaux, il maîtrise les pieds, le nez et le sexe. Mis en relation avec la figure du carré, avec l'élément Terre et la couleur jaune, il se compose de quatre pétales de la couleur du feu sur lesquels sont inscrites les lettres devanagari va sha, sa sa. Mantra: **LAM**. Selon le tantrisme, il est le siège de l'énergie subtile *Kundalinî*, force immatérielle et latente, représentée symboliquement par un serpent lové, enroulé sur lui-même. Par des techniques particulières, l'adepte réussirait à réveiller cette énergie et à la faire remonter le long du canal central. En traversant les *chakra*, elle stimulerait la manifestation des facultés spécifiques à chaque centre. La stimulation des trois derniers, *Viśhuddâ*, *Àjnâ* et *Sahasrâra* activerait dans l'individu les *siddhi*, c'est-à-dire les fameux pouvoirs paranormaux dont sont dotés certains yogi, parmi lesquels la faculté de se dédoubler. Un réveil trop brusque et mal contrôlé de cette force aurait l'effet inverse, et provoquerait des sensations douloureuses, une chaleur insupportable, l'explosion des passions les plus basses.

• *Svâdhishthâna*, ou "plexus pelvien", se situe au-dessus des organes génitaux. Sa fonction est le contrôle de la langue, des mains, des jambes, des reins et de la glande surrénale. Il correspond à l'Eau et au croissant de Lune, il donne le pouvoir de sentir les vibrations subtiles; il se présente comme une fleur blanche à six pétales rouges (caractères ba, bha, ma, ra, la ya). Mantra: **VAM**.

• *Manipûra* ou "ville bijou" est situé près du nombril, en correspondance avec le plexus solaire; il est assimilé au Feu, au triangle, aux yeux et à la vue. Il est lié à la faculté d'absorber le *prâna* et de voyager hors du corps. Il apparaît comme une fleur rouge à dix pétales verdâtres. Lettres: da, dha, na (cérébrales) ta, tha, da, dha, na (dentales), pa et pha. Mantra: **RAM**.

• *Anâhata*, situé à la hauteur du cœur il est le centre du son spontané. Il contrôle l'épiderme, les organes génitaux, la transmission des sentiments et la compréhension d'autrui. Lié à l'Air et à l'hexagone, il est représenté comme un lotus gris bleu clair avec douze pétales oranges. Lettres: ka, kha, ga, gha, na, ca, cha, ja, jha, na (palatale) ta et tha (cérébrale). Mantra: **YAM**.

• *Viśhuddha*, situé au niveau de la gorge, il correspond au plexus pharyngien, aux oreilles, à la bouche, à l'ouïe subtile. Il est lié au bleu électrique, au cercle et à l'élément Éther d'où la notion de pureté qu'on lui attribue. Il apparaît comme un lotus bleu électrique à seize pétales dorés. Lettres: a, à, i, ì, u, ù, ri, rì, irì, iri, e, ai, o, au, am, ah. Mantra: **HAM**.

• *Àjñà* ou troisième œil est situé entre les sourcils en correspondance avec la glande pinéale. On le met en relation avec le cerveau ou avec toutes ses fonctions. Il est à la base de la clairvoyance et de la faculté d'apparaître grand ou petit à son gré. Il se présente comme une fleur blanche à deux pétales sur lesquels on distingue les lettres sacrées (a) ham et sah (sanskrit: je suis celui-là). Mantra: **OM**[1].

• *Sahasrâra* = lotus aux mille pétales, situé au sommet de la tête et composé de 12 pétales centraux plus 960 pétales périphériques de couleur blanche; il donne le pouvoir de se dédoubler en gardant inaltéré le flux de la conscience.

LES PREUVES DE L'EXISTENCE DU CORPS SUBTIL

Pour prouver l'existence réelle du double, on peut citer quatre facteurs fondamentaux:

— la sensation d'intégrité physique présente chez les amputés et celle de dédoublement qui est caractéristique aux hémiplégiques. La physiologie explique ce phénomène comme un mauvais fonctionnement des terminaisons nerveuses pas encore atrophiées là où la partie a été amputée. Des sensitifs disent cependant pouvoir percevoir le membre fluidique à la place du membre manquant;

[1]OM: ce monosyllabe sacré est formé des trois lettres A, U, M qui, selon les lois de la phonétique sanskrite, se fondent en une seule, le O, prolongée par un point d'orgue M.

— la variation de poids, de l'ordre de 50 à 60 grammes, qui se vérifie au moment du décès et qui est enregistrée dans les laboratoires par des instruments de haute précision;
— les manifestations de doubles ou de fantômes perçues parfois collectivement avec une précision et une concordance de détails qui ne peuvent être expliquées par des images télépathiques, et qui sont toujours reçues et modifiées par chacun selon ses propres schémas individuels;
— les phénomènes de répercussion; en produisant une lésion légère dans le double extériorisé, la blessure apparaît sur la partie physique correspondante et est ressentie pendant plusieurs jours.

LES FANTÔMES

Les descriptions fournies par ceux qui ont perçu une apparition (on parle au sens propre de fantôme s'il s'agit d'un défunt et d'apparition s'il s'agit de personnes vivantes) aident à faire un portrait du double.

Selon son état de densité, le double peut, en effet, être invisible, perceptible uniquement pour les sensitifs, ou visible par tout le monde, il se manifeste même aux animaux. Lorsque la visibilité est associée à la tangibilité, il se révèle froid et visqueux. Il montre une sensibilité à l'électricité, des sens aiguisés, une volonté. Une stimulation produite sur le double est ressentie par le corps physique, mais si l'on excite ce dernier, on n'obtient aucune réaction, la conscience étant transférée sur le corps subtil. Le double reflète la lumière et il est doté d'une aura visible; lorsqu'il agit sur la matière, il a tendance à devenir moins visible.

Si le fantôme n'est pas une extériorisation, mais une création mentale obtenue en attirant des particules physiques au moyen du pouvoir de la volonté, il ne montre ni conscience, ni faculté d'action.

En règle générale, le double apparaît habillé avec des vêtements éthériques qui reproduisent ceux dont est revêtu le corps physique. En réalité, il ne s'agit que d'une création mentale. Si le double est nu, il se manifeste enveloppé par la luminosité blanchâtre et nébuleuse caractéristique, responsable du mythe du "drap" du fantôme.

Le lien mystérieux avec l'éther: la corde d'argent

Le corps subtil reste lié au corps physique, même s'il est dédoublé, par une sorte de corde de substance éthérique, fine, souple, de couleur blanc argent et qui peut s'étendre à l'infini. Au moment de la mort, la corde se rompt définitivement en séparant pour toujours l'élément subtil qui constitue l'homme et son enveloppe matérielle désormais sans vie.

Dans la mythologie grecque, la vie est représentée comme un fil; Clotho, la première des trois Moires ou Parques, le file, Lachésis le tisse et Atropos, au terme de l'existence, le coupe. La Bible mentionne dans l'Ecclésiaste une corde d'argent et même dans les *Upanishad* on y fait référence. En effet, un grand nombre de personnes qui ont fait l'expérience du dédoublement en en gardant le souvenir, font allusion à cette sorte de fil, que les théosophes appellent également corde d'argent et qui sert de lien entre le corps matériel et les corps subtils, entre ce monde et les autres. La corde d'argent est composée d'une moitié de matière physique et d'une autre de matière éthérique. Elle est, en outre, renforcée et rendue plus brillante par l'énergie subtile (*prâna*) qui s'obtient par une mastication soignée et une respiration lente et profonde. La corde d'argent nous lie au corps subtil pendant toute la durée de notre existence, car c'est du monde subtil que nous venons et c'est à lui que nous retournerons.

Lorsque notre passage sur la terre peut être considéré comme terminé, alors seulement elle se déchire définitivement, en quittant la partie de matière qui appartenait à l'enveloppe physique tandis que l'autre partie, plus éthérique et désormais libre, passe sur les autres plans avec le corps subtil.

Selon les descriptions faites par les voyageurs "habituels" du monde astral, ce lien peut avoir une forme cylindrique ou bien aplatie comme un ruban. Il est extrêmement élastique et peut s'allonger à l'infini; souple mais résistant aux chocs et aux déchirures il change remarquablement de dimensions. Grâce à son incroyable extensibilité: son diamètre qui est de 4 ou 5 centimètres à son point d'insertion sur le corps physique, ne mesure plus, à trois mètres de distance, que deux centimètres et atteint à cinq ou six mètres son diamètre minimal, ce qui le fait ressembler à un fil impalpable. Ce diamètre très réduit ne va plus changer quelle que soit la distance.

Tout le monde semble s'accorder sur les propriétés lumineuses de cette corde qui, pendant les premiers instants de l'extériorisation, est de couleur blanc argent-vert clair et très brillante. Cette couleur change progressivement, en passant par le gris métallique et le jaunâtre, pour devenir brunâtre en perdant en même temps son élasticité première. L'aspect de la corde signale le moment de réintégrer le corps physique. Lorsqu'elle est opaque, sombre, dure, elle indique, grâce aussi à des secousses de plus en plus violentes, la nécessité du retour, qui dans ce cas est généralement *automatique*.

Les opinions sont, en revanche, très divergentes quant au point d'insertion de la corde d'argent sur le corps physique. Lorsque l'enveloppe matérielle et les corps subtils sont parfaitement superposés, elle ressemblerait à une sorte de petit nœud que certains situent entre les sourcils (l'endroit du troisième œil pour les Hindous, en correspondance avec la glande pinéale), d'autres sur la nuque, ou bien dans le nombril, ou encore au point situé entre les omoplates, que la médecine chinoise appelle *kakuiu*, le seuil de l'énergie.

On raconte que les sorcières, pour se rendre au Sabbat à califourchon sur leur balai, sur des chats, des crapauds ou d'autres moyens de transport invisibles, se massent à ces endroits avec des onguents magiques composés de différents ingrédients fantastiques et répulsifs aux effets narcotisants évidents, tels la belladone, la jusquiame et le chanvre. Le massage de ces régions du corps, les pommades magiques mises à part, ne doit pas cependant être négligé. Pincer, frotter, masser la partie du corps correspondant au point d'insertion de la corde argentée pourrait la stimuler, la renforcer et améliorer par conséquent la qualité de l'extériorisation.

Les individus les plus doués pour le dédoublement

Le dédoublement est un art que possèdent seuls ceux qui le méritent. Au courage, à l'objectivité, à la capacité de se détendre et de vouloir, doivent s'ajouter l'exercice constant et une certaine pureté éthique. Pour la tradition, les "princes" de la sortie astrale sont les individus classifiés comme nerveux (élément Terre — tempérament atrabilaire). Cette condition, qui est en partie constitutionnelle, peut également être obtenue par la modification du régime alimentaire et du mode de vie.

Le dédoublement volontaire se base sur deux facteurs essentiels: une forte volonté et une bonne capacité à se détendre. Si vous savez vouloir, oser, taire, si vous êtes ferme et courageux, mais en même temps souple, si vous ne rencontrez pas de difficultés particulières à vous laisser aller en vous relaxant, vous possédez tout ce qu'il faut pour devenir des voyageurs astraux. Il peut arriver que ces caractéristiques essentielles chez l'aspirant à l'une des branches du paranormal ne fassent pas partie des traits principaux de votre personnalité. Cela n'est pas une raison suffisante pour ne pas tenter l'entreprise.

TABLEAU DES TEMPÉRAMENTS

Tempérament bilieux = Feu

- Signes du Zodiaque: Bélier, Lion, Sagittaire.
- Individus fortement marqués par les planètes Mars, Soleil et Pluton.
- Caractéristiques physiques: cheveux blonds ou roux, peau rougeâtre, muscles bien dessinés.
- Caractéristiques psychiques: dynamisme, enthousiasme, virilité, impatience, ambition, colère.
- Pathologies: tendance aux problèmes de circulation du sang, aux hémorragies, aux migraines ou à d'autres problèmes liés à la tête, au foie et aux hanches.

Tempérament nerveux = Terre

- Signes du Zodiaque: Taureau, Vierge, Capricorne.
- Individus fortement marqués par les planètes Mercure et Saturne.
- Caractéristiques physiques: peau jaunâtre, visage triangulaire ou allongé, cheveux bruns, minceur.
- Caractéristiques psychiques: prudence, goût du travail, persévérance, modestie, économie, esprit pratique.
- Pathologies: tendance aux problèmes intestinaux, osseux, dentaires, de l'appareil locomoteur et de la rate.

Tempérament sanguin: Air

- Signes du Zodiaque: Gémeaux, Balance, Verseau.
- Individus fortement marqués par les planètes Vénus, Jupiter et Uranus.
- Caractéristiques physiques: peau rosée, cheveux ondulés, yeux souvent clairs, mouvements vifs, physique particulier mais agréable.
- Caractéristiques psychiques: ouverture d'esprit, mouvement, esprit d'entreprise, subtilité, goût des contacts humains et de l'étude, euphorie, jovialité, manque de discipline, déséquilibre de la volonté.
- Pathologies: tendance au mauvais fonctionnement des reins et des poumons; problèmes liés à la circulation veineuse.

Tempérament lymphatique = Eau

- Signes du Zodiaque: Cancer, Scorpion, Poissons.
- Individus fortement marqués par les planètes Lune et Neptune
- Caractéristiques physiques: peau pâle, visage rond, cheveux rares, chair molle.
- Caractéristiques psychiques: conservatisme, mémoire, paresse, fantaisie, mysticisme, émotivité excessive.
- Pathologies: tendance aux déséquilibres de l'appareil digestif, génital et du système lymphatique; extrémités froides, obésité.

Le dédoublement est un phénomène qui ne contrarie pas les lois universelles et, de ce fait, ne demande pas de dons exceptionnels pour être réalisé. Le secret réside en trois mots: pratique, sérénité, constance. Les statistiques le montrent clairement: environ un pour cent de la population a vécu un dédoublement à un moment donné de son existence. Ce phénomène est beaucoup plus fréquent chez les mystiques, les pratiquants du yoga, les artistes, les individus sensibles et nerveux.

La vieille médecine occidentale classifiait l'espèce humaine en quatre grandes classes basées sur le tempérament: nerveux, sanguin, lymphatique et bilieux (voir tableau de la page 42 et 43). Il s'agit bien entendu de classifications assez larges, soumises aux mélanges qui donnent comme résultat des sous-types mixtes. La donnée essentielle reste cependant que rien dans le tempérament humain, ni dans l'univers, n'est fixe, sclérosé. La composante héréditaire subit des variations continuelles déterminées par le régime alimentaire, le mode de vie et le passage du temps. Toute chose connaît un mouvement cyclique, une transformation permanente; et l'homme change avec le Tout.

Selon la tradition, ceux qui se dédoublent avec le plus de facilité appartiennent à la catégorie des nerveux, purs ou mixtes.

Le dédoublement volontaire implique, en effet, une extériorisation de force nerveuse que cette classe d'individus possède en grande quantité. L'extériorisation involontaire intervenant pendant le sommeil est déterminée par un manque d'énergie cosmique qui pousse le corps astral à se détacher du corps physique pour pouvoir se recharger. Et qui, plus que le nerveux, se surmène au point d'arriver au soir complètement épuisé? Les élus du dédoublement appartiendraient donc à ce type, correspondant grosso modo sur le plan astrologique aux signes de Terre (Taureau, Vierge, Capricorne) et aux planètes Mercure et Saturne. Mais attention! Toute médaille a son revers. Une bonne aptitude au dédoublement est presque toujours associée à un système nerveux fragile, sujet aux dépressions et aux traumatismes. Le type sanguin (lié à l'Air, aux signes astrologiques Gémeaux, Balance, Verseau et aux planètes Vénus et Jupiter), a une propension aux hallucinations qui peuvent faire douter de la réalité de l'expérience de dédoublement rapportée par le sujet. Les bilieux (Bélier, Lion, Sagittaire, les personnes marquées par le Soleil et Mars) et les lymphatiques (Cancer, Scorpion, Poissons ainsi que tous ceux qui sont influencés par la Lune) apparaissent moins doués, mais aussi moins suggestibles et donc plus adaptés à servir de "récepteurs" lors d'expériences de dédoublement de couple. Faisons donc le point sur la situation:

— si vous appartenez au sous-groupe des nerveux mixtes, félicitations, vous avez de la chance; un peu de pratique et surtout un puissant désir de réussite pourront suffire pour vous mener très loin;
— si vous êtes rapide, agité, toujours prêt à bondir, si vous pouvez vous définir nerveux à cent pour cent, avant de commencer tout genre d'expérience, essayez de rééquilibrer votre tempérament en suivant un régime alimentaire végétarien, sans viandes, ni sucre, ni alcool, ni tabac, et en vous appuyant sur un mode de vie à la spartiate (douche froide, purgatifs, exercices de plein air). Cela vous évitera de mauvaises surprises telles des traumatismes du système nerveux, aussi capricieux que peu contrôlé;
— si, au contraire, vous manquez d'énergie nerveuse, c'est-à-dire si vous vous estimez paresseux, mou, vous

devrez alors introduire dans votre alimentation du lait, des œufs, du poisson, des légumes, du vin blanc et quelques tasses de café. Couchez-vous tard et efforcez-vous de dormir le moins possible, pratiquez la méditation, privilégiez le travail intellectuel, stimulez vos nerfs au moyen de bains de soleil et d'air pur.

Un instrument très simple, le biomètre (voir illustration n° 2), que vous pourrez réaliser vous-même en quelques minutes et sans aucun frais, pourra vous donner des renseignements utiles sur l'état de votre force nerveuse. Il suffit de prendre une épingle, une base de liège, une paille pour boissons et quelques feuilles de papier à cigarette. Enfoncez la pointe de l'épingle dans la base de liège et enfilez la paille dans le sens horizontal. En vous servant du papier, collé de manière à former une bande, construisez ensuite un cylindre d'un diamètre de 6 à 8 centimètres que vous transpercerez avec la paille (voir figure). L'instrument ainsi obtenu, très léger et délicat, bougera grâce à la force émanant de vos

Figure 2. Le biomètre

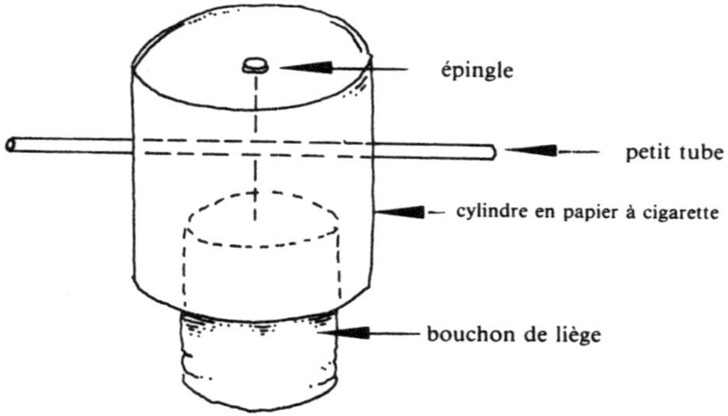

mains placées à 5 ou 10 centimètres de distance du cylindre. Pour cela, frottez l'une contre l'autre vos deux mains pendant quelques secondes, le biomètre va tourner vers la droite ou vers la gauche avec une vitesse proportionnelle à votre potentiel énergétique.

Presque tout le monde, à la suite d'un entraînement plus ou moins long, avec ou sans régime approprié, peut donc réussir l'expérience du dédoublement. Nous disons "presque", car il existe une catégorie réduite de personnes qui ne doivent pas tenter la sortie volontaire. Bien que les statistiques montrent une certaine fréquence de sorties spontanées chez des enfants et des adolescents, il est préférable d'attendre un âge où la psyché est bien structurée, mûre et protégée des traumatismes et des suggestions, avant de commencer à s'exercer. Pour cette raison, le dédoublement volontaire est interdit à ceux qui ont moins de vingt ans et plus de soixante-dix ans. Il est également défendu aux femmes lors de leur cycle mensuel et de la ménopause, aux individus affaiblis, aux psychopathes ou en général aux personnes extrêmement ignorantes et matérialistes. Ceux qui ont des problèmes cardiaques devraient en outre passer un contrôle médical rigoureux avant de s'aventurer sur le "chemin" qui mène dans les autres mondes.

L'éthique

Le dédoublement n'est pas un privilège du saint, ni une prérogative du "démon". Un mode de vie sobre, serein, humble, suivant le principe du juste milieu et du respect des autres, constitue le passeport idéal pour le voyageur astral.

Bien que l'hagiographie cite, dans la vie des Saints, de nombreux cas de dédoublement et que la pratique du yoga mène à la maturation de cette faculté, la projection astrale n'est pas le privilège des seuls initiés. Cela ne justifie cependant pas une vie désordonnée, abandonnée aux instincts les plus bas et les plus matérialistes qui ne permettent pas à l'esprit d'évoluer. Il n'est pas nécessaire de devenir angélique pour se dédoubler, mais l'on n'y réussira certes pas si l'on tient à adopter une attitude "diabolique"! Vous pourrez continuer à être vous-même tout en essayant, sans trop forcer, de développer au maximum la volonté et la maîtrise de soi, les clefs de l'extériorisation volontaire. Ce que l'on cherche n'est pas le dédoublement comme fin en soi (le *laukika* des Hindous), obtenu au moyen de narcotiques, de danses chamaniques ou d'invocations magiques, mais une projection astrale qui permet l'évolution personnelle et la connaissance de l'univers. Il faut avancer par étapes sans se fatiguer, sans s'exalter, ni se scléroser. Le désir ne doit absolument pas devenir idée fixe, anxiété, hâte; dans le domaine astral, le temps ne compte pas.

Si nous pouvions donner une recette pour une vie équilibrée, elle serait la suivante: “prenez de chaque chose le juste milieu, assaisonnez avec une pincée de foi, de respect pour les autres et deux gouttes de sérénité. Filtrez les excès, l'arrogance, la mentalité consommatrice et garnissez de petites feuilles d'intériorité.”

Sont favorables la méditation, le yoga, la pratique du zen. Sont également très favorables les régimes pauvres en produits animaux et riches en aliments complets ainsi qu'en légumes; la mastication prolongée, la respiration contrôlée. Est également très favorable le jeûne effectué, si possible, pendant la nouvelle lune, car celle-ci augmente l'afflux d'énergie cosmique, purifie l'organisme et renforce la volonté. Nous approuvons de même toute renonciation que vous vous imposeriez dans le même but, la planification de la journée dès le matin et l'examen de conscience le soir.

En revanche, nous déconseillons formellement les excitants, les drogues, les boissons alcoolisées et les cigarettes qui souillent les *chakra* et bloquent la communication naturelle entre le corps physique et les plans subtils. Il faudra beaucoup de temps pour qu'une personne esclave d'une de ces “habitudes” puisse vivre personnellement une expérience de dédoublement.

Les techniques préparatoires

La pratique du dédoublement commence plusieurs mois avant sa véritable réalisation. Seuls un organisme et un esprit bien entraînés par des techniques préparatoires pourront, en effet, atteindre l'objectif, protégés et avec la certitude de ne pas avoir vécu un simple et banal épisode de suggestion. Il est essentiel d'apprendre l'art de la relaxation, de la respiration contrôlée, de la concentration, de la visualisation, de la projection de la volonté, toutes ces pratiques étant les ingrédients de base pour une sortie astrale réelle et irréfutable.

On peut affirmer, sans se moquer, que la pratique de la sortie astrale commence plusieurs mois avant sa réalisation effective. La technique du dédoublement prévoit, en effet, la maîtrise de la relaxation, de la respiration, de la concentration, de la visualisation, de la volonté et de la mémoire. En lisant les pages écrites par certains bouffons de l'occulte, la projection astrale apparaît un jeu d'enfant. Si l'on essaie sans y être préparé, on subira un échec certain qui laissera plein d'amertume et d'indulgence compatissante pour ces "naïfs" qui croient encore aux fables. De nombreuses personnes qui affirment ne pas croire aux expériences paranormales doivent leur scepticisme à une approche trop superficielle, à un mauvais professeur, ou à une information incorrecte.

On ne peut penser pouvoir se transformer d'un jour à l'autre, sans effort ni préparation, en magiciens, astrologues ou voyageurs astraux, tout comme on ne peut croire qu'il est impossible de ne pas y parvenir; *in medio stat virtus* disaient les Latins. Pour obtenir votre ... passeport astral, vous devez vous exercer tous les jours, sans exagérer, car l'effort excessif, nous apprend le yoga, est plus néfaste encore que la paresse. Il n'est pas difficile de trouver tous les jours une petite demi-heure à consacrer aux arcanes. Les exercices doivent être chaque jour différents: respiration aujourd'hui, concentration demain, relaxation après-demain, et ainsi de suite, mais avec ces dénominateurs communs: la patience et la méthode. La longue attente chez le dentiste, la pause au bureau ou le trajet en autobus peuvent offrir d'irremplaçables occasions de s'exercer. Vous êtes le prince courageux capable de réveiller la belle au bois dormant, la zone mystérieuse et assoupie de votre esprit; la récompense ne sera évidemment pas un baiser, mais l'ouverture progressive des canaux occultes.

LA RELAXATION

La relaxation est un "jeu" dont on parle souvent, mais que l'on arrive difficilement à exécuter correctement. Elle implique, en effet, l'élimination totale de toute contraction musculaire, de toute tension du corps et de l'esprit, but quasiment impossible à atteindre pour un Occidental au tempérament anxieux. Le moment idéal pour vous exercer est au réveil, lorsque le sommeil a calmé la nervosité de la veille et les petites douleurs dues à une vie trop sédentaire. Couchez-vous sur le dos, sur une surface rigide mais confortable, les paumes des mains vers le haut. Vous ne devez avoir ni trop froid, ni trop chaud et, au moins pour commencer, ne plus être affligé par des quelconques douleurs ou tourmenté par des besoins physiologiques.

En partant de la pointe des pieds, essayez d'imaginer tous vos nerfs et tous vos muscles; en commençant d'abord par le pied gauche, contractez vos muscles les uns après les autres, en remontant progressivement le long du corps et ensuite décontractez-les. Votre tension, votre négativité vont se décharger au sol, comme l'électricité. Vous vous sentez bien; vos pensées défilent doucement, sans que vous essayiez de les retenir. Vous êtes calme, serein, et votre corps devient plus lourd, comme s'il s'enfonçait. Laissez-vous aller ... Terminez l'exercice en remuant lentement et en vous étirant comme un chat, le plus possible. Relevez-vous et commencez votre journée selon votre habitude; vous éprouverez au cours de toute la journée une surprenante sensation de calme et de bonne humeur qui vous permettra de faire face avec optimisme à la fatigue et aux contrariétés.

LA RESPIRATION

La respiration est liée au concept même de la vie. L'un des critères pour déterminer la présence de la vie chez un être consiste, en effet, à observer sa fonction respiratoire. Un homme en bon état de santé enregistre environ 24.000 cycles respiratoires par jour. Selon les théories orientales, en respirant nous n'absorbons pas seulement de l'air et des gaz, mais aussi du *prâna*, l'énergie cosmique éthérique, celle que les guérisseurs canalisent dans le corps malade pour lui communiquer de l'énergie vitale et combattre la maladie. Dans le monde occidental, nous respirons mal. Nous avons pendant longtemps imposé à notre acte respiratoire des modalités et des rythmes artificiels. Observez par exemple un nourrisson: vous verrez que son abdomen monte et descend suivant un rythme régulier et naturel. L'anxiété, les vêtements serrés, les mauvaises habitudes font adopter aux adultes une respiration rapide et superficielle et, surtout chez la femme, une respiration thoracique.

Cette négligence peut être bien souvent la cause d'une mauvaise oxygénation du sang et par conséquent d'une baisse des fonctions cérébrales. La capacité de se concentrer et d'étudier est ainsi réduite, et les énergies se révèlent insuffisantes, ce qui compromet les pratiques occultes. En outre, tout comme la respiration influence la psyché, l'état psychique négatif affecte le rythme respiratoire. Dans les moments critiques, lorsque nous sommes soumis à un stress, ou lorsque nous avons peur, une respiration correcte, lente, effectuée par les narines, s'est toujours avérée le meilleur des médicaments.

En exécutant cet exercice correctement, vous aurez remporté votre première victoire, le contrôle de l'esprit sur le *soma* (corps) et vice versa. C'est une expérience de maîtrise de soi, indispensable pour affronter avec assurance et fermeté le premier voyage astral.

Les Hindous considèrent le contrôle de la respiration, qu'ils indiquent par le terme *prânâyâma*, comme l'un des huit barreaux de l'échelle yogique menant à l'union avec l'Absolu. Pour pratiquer le *prânâyâma*, à condition que votre état de santé vous le permette, vous devez vous asseoir, le dos bien droit, dans un lieu aéré et tranquille. Choisissez un moment de la journée loin des heures de repas et concentrez toute votre attention sur le rythme de la respiration. Placez une main sur votre abdomen, à la hauteur du nombril et l'autre sur votre poitrine, afin de contrôler l'entrée de l'air dans les cavités abdominale et thoracique. Inspirez doucement par les narines en comptant mentalement jusqu'à quatre et essayez de faire pénétrer l'air jusqu'au point le plus bas possible en gonflant tout d'abord la zone abdominale, puis la cage thoracique. Retenez le souffle pendant six secondes et expirez lentement, toujours par le nez, en comptant jusqu'à quatre. C'est la phase la plus difficile. Vous serez tenté d'abréger cette étape en accélérant la cadence; il se peut également qu'avant d'avoir fini de compter vous n'ayez plus d'air à expulser. Après avoir expulsé complètement l'air, comptez encore une fois jusqu'à six avant d'inspirer une deuxième fois. Attention à ne pas forcer l'intensité, ni la durée de l'exercice, cela risquerait de vous causer de légers malaises tels migraines, vertiges, troubles de la vue; la respiration doit être une fonction naturelle, tout comme chez les enfants et les animaux.

Pour ces exercices, un yogi pourra travailler longuement en utilisant des techniques diverses; pour nous autres Occidentaux essoufflés, dix ou vingt cycles à ce rythme sont plus que suffisants. Progressivement, cet exercice deviendra automatique, et vous pourrez respirer correctement sans même y penser. La respiration luni-solaire (par narines alternées) constitue un autre aspect de cette technique. Le processus dans son ensemble reste le même; mais cette fois-ci, une seule narine sera utilisée pour inspirer, tandis que la narine opposée servira à expirer; pour vous aider, vous boucherez alternativement l'une ou l'autre des narines avec un doigt.

Inspirez tout doucement par la narine gauche en appuyant avec le pouce droit sur la narine droite; bouchez ensuite avec l'index de la même main la narine restée ouverte: c'est la phase de rétention. Puis, pour passer à la dernière phase respiratoire, débouchez la narine droite, la gauche étant toujours fermée, et expirez lentement. Ces trois stades devront être exécutés dans les temps conseillés pour le précédent exercice. La pratique et l'entraînement aidant, vous pourrez ensuite modifier le décompte mental et doubler, voire même tripler ces temps.

LA CONCENTRATION

La concentration est l'art de s'isoler des influences extérieures en fixant son attention sur quelque chose, une personne ou un objet, afin d'empêcher son esprit de vagabonder. Parmi les innombrables idées peuplant notre esprit, il ne faut alors retenir que celles qui sont, d'une manière ou d'une autre, associées à l'objet choisi, pour que la vision de ce dernier soit la plus claire et la plus complète possible. Nous sommes donc bien loin de l'élève qui, la tête entre ses mains, tente de s'enfoncer dans le crâne les verbes irréguliers, ou du chef de bureau que la "concentration" a rendu encore plus irritable. La concentration n'est pas synonyme d'effort violent, rage ou tension, c'est le résultat de l'attention, de la persévérance et de la maîtrise de soi. La première fixe l'esprit sur l'objet désiré, la deuxième immobilise l'attention et la troisième enfin empêche la pensée de s'échapper et d'errer ça et là. Parce que nous menons souvent une existence machinale et routinière, nous n'avons pas conscience de notre incohérence. Au cours d'une journée, nous accomplissons un grand nombre d'actions automatiquement, en pensant à autre chose: nous les privons ainsi de la force que la concentration mentale pourrait leur conférer. Cette force est le secret de la réussite dans les domaines les plus variés: études plus profitables, connaissance plus profonde, gain de temps, dispersion d'énergies réduite, réalisation des désirs. Elle est, en réalité, la clé qui nous permet de concentrer efficacement notre volonté pour atteindre un but ardemment convoité.

À titre d'exercice, concentrez-vous sur un objet quelconque, une fleur ou un crayon par exemple, en essayant d'éliminer toutes les pensées qui ne sont pas directement liées à celui-ci. Faites en sorte de le percevoir totalement, à l'extérieur et à l'intérieur, comme s'il était isolé du milieu ambiant. Analysez les couleurs, la forme, la consistance, la substance de cet objet, en appréhendant au fur et à mesure ses attributs intérieurs, ses fonctions, son histoire, les situations et les souvenirs qu'il suscite en vous. Cet exercice améliore l'acuité et renforce la capacité de concentration.

À cette même fin, vous pourrez lire, au besoin plusieurs fois, un passage compliqué avec la ferme intention de pénétrer totalement sa signification la plus profonde. Imposez-vous une concentration absolue, jusqu'à ce que vous atteigniez un degré de compréhension satisfaisant. Vous noterez que, petit à petit, le sens du passage vous semblera plus clair et vous découvrirez des détails et d'éventuelles significations symboliques qui vous avaient échappé à la première lecture superficielle.

Habituez-vous à ce passe-temps insolite qui, mieux que des mots croisés, saura animer une attente ennuyeuse ou un long voyage solitaire. Fixez votre attention sur les objets et surtout sur les personnes qui vous entourent, en cherchant, grâce à une observation minutieuse, à comprendre également leur aspect le plus obscur.

Un peu de solitude est également souhaitable si l'on veut suivre la voie de la concentration intérieure; tous les maîtres spirituels, les grands occultistes, ont consacré une partie de leur existence au dialogue silencieux avec eux-mêmes. Faites comme eux: isolez-vous pour dédier quelques instants de votre précieux temps à votre voix intérieure, offrez-vous de temps à autre le luxe d'une paisible promenade à la campagne, avec le silence pour seul compagnon. Essayez, si la ville s'emploie à vous retenir prisonnier, de vous boucher les oreilles, et mettez-vous à l'écoute de vous-même.

Le Zen, antique philosophie japonaise qui tend à la réalisation du Moi par certaines techniques spécifiques, prévoit un exercice de concentration très utile: la pratique du ***Koan***, que le maître propose au disciple. Il s'agit habituellement de dilemmes apparemment insolubles, du moins par le jugement, et que seule la concentration mentale, renforcée ici aussi par une préparation physique rigoureuse, permet de résoudre. Intégrez la pratique du ***Koan*** à vos bonnes habitudes, en vous concentrant sur vos problèmes psychologiques, sur vos dilemmes quotidiens ou sur les questions métaphysiques que nous nous posons tous tôt ou tard au cours de notre existence. Non seulement vous parviendrez à résoudre un problème en apparence insondable, mais vous enregistrerez un développement incontestable de votre conscience et de vos capacités de chercheur de l'occulte.

LA MÉDITATION

Les Hindous assimilent l'esprit humain à un singe qui, à l'état sauvage, sautille sans cesse et saisit tout sans discernement. Ils ont donc inventé une technique permettant de dominer cet animal sympathique et capricieux qui est en nous, c'est la méditation.

Méditer, c'est entrer en communication avec les couches supérieures de l'être, éliminer la pensée, l'espace, le temps, franchir les limites du Moi en se fondant dans le Tout, transcender la condition individuelle de l'homme. Si vous essayez tout simplement de suspendre pendant quelques secondes votre activité mentale, vous découvrirez très vite combien la pensée est instable et indisciplinée. C'est impossible! Mille pensées éphémères surgissent dans l'espace libre laissé par l'esprit, s'y incrustent comme des parasites et tournent tel un manège insupportable.

Cherchez alors un endroit tranquille où vous pourrez être certain que personne, pendant au moins une demi-heure, ne viendra vous déranger. Relaxez-vous et contrôlez votre respiration. Allumez ensuite une bougie et placez-la à trois ou quatre centimètres environ devant vous, au niveau des yeux. Assis confortablement, le dos bien droit, fixez la flamme et essayez de faire le vide mental. Dans un premier temps, une foule de pensées parasites tentera de s'emparer de votre esprit, mais vous les vaincrez en les laissant tout simplement défiler, sans vous fixer sur l'une d'entre elles en particulier, comme si elles étaient le produit de l'esprit d'autrui. Progressivement, tandis que vous perdez le contact avec la réalité qui vous entoure, ces pensées se feront plus rares et beaucoup moins pressantes. Une sensation d'agréable légèreté psychique, alliée à un certain engourdissement physique vous envahira, créant ainsi un état d'immatérialité et de conscience aiguë.

Le même exercice peut être pratiqué sous une forme plus active, propre à influer sur le monde environnant, une fois que vous aurez acquis le contrôle du Moi. Vous fixerez comme précédemment la flamme, mais en vous efforçant cette fois de canaliser votre pensée sur celle-ci et d'influencer la mobilité, la hauteur et la coloration du pâle halo qui l'entoure. Vous devrez donc parvenir à agir directement et tangiblement, par la seule force de votre esprit, sur un objet, en le modifiant selon votre bon plaisir.

Certains, pour la méditation, préfèrent utiliser un *mantra* (un mot ou une série de mots aux significations magiques et religieuses particulières) répété à l'infini. La magie du son ininterrompu, comme un bourdonnement intérieur, freine l'activité de l'esprit rationnel et permet au Moi d'effectuer le grand saut. Infiniment variés, les mantras adoptés par les différentes écoles orientales sont pour la plupart secrets, mais il semble que l'**OM**, symbole d'harmonie cosmique, soit le plus simple et le plus répandu. C'est le mantra spécifique du fameux troisième œil, celui des sept *chakra* de l'ésotérisme indien, situé entre les deux sourcils, qui correspond à la glande pinéale. Pour prononcer correctement l'**OM**, il faut inspirer profondément, en emmagasinant une bonne quantité d'air, puis expirer lentement en laissant sortir un "O" très long suivi d'un "M" nasal tenu jusqu'à la fin du souffle. Méditez à l'aube ou au coucher du soleil car, à ces moments de la journée, les énergies cosmiques étant les plus intenses, il y a sur terre de nombreuses personnes unies par la même expérience.

LA VISUALISATION

Visualiser, c'est voir quelque chose ou quelqu'un avec les "yeux de l'esprit". L'artiste, le savant, font de la visualisation un instrument de création de leurs œuvres. Le mage visualise pour persuader ou pour réaliser, et le paragnostique, l'agent de la communication télépathique, pour transmettre des images et des pensées. La visualisation est une technique qui peut faciliter la concentration, mais qui dépend grandement d'une pratique constante de cette dernière. Il est, en effet, nécessaire d'effectuer un tri de ses propres pensées, de les immobiliser et de fixer son attention pendant plusieurs secondes sur une image construite par l'esprit. Créativité et contrôle mental sont donc les ingrédients strictement indispensables de la visualisation qui est déjà, pour moitié, une réalisation effective.

Exercez-vous en commençant par des formes simples, schématiques, et passez dans un second temps seulement à des objets plus complexes. Vous pouvez, pour faciliter cette expérience, imaginer un écran blanc sur lequel vous effectuerez vos projections mentales. Vous vous contenterez, au début, de reproduire des figures géométriques simples: des carrés, des cercles, des triangles, noir sur blanc ou blanc sur noir. Vous passerez ensuite à l'utilisation de la couleur (le rouge était généralement le plus conseillé). Puis, la pratique aidant, vous pourrez remplacer les formes géométriques par les nombres, les lettres de l'alphabet, les objets ou les personnes, en vous efforçant de les visualiser jusque dans leurs moindres détails pour que l'expérience soit vraiment valable.

Exprimez-vous toujours positivement, en focalisant votre esprit sur des images solitaires, vitales, sur les personnes que vous aimez ou sur les choses que vous désirez: vous en retirerez vitalité, sérénité et succès, en mettant votre psyché et votre vie à l'abri d'éventuels effets négatifs.

LE RENFORCEMENT DE LA VOLONTÉ

À une époque où la société de consommation nous séduit par mille vitrines alléchantes, mille objets et produits alimentaires attirants, il est de plus en plus difficile d'éprouver un désir véritable, qui ne soit pas suscité. Pour réapprendre à désirer, il faut avant tout savoir intercaler un laps de temps raisonnable entre le moment où l'on voit et celui où l'on possède. En d'autres termes, il faut savoir attendre. L'attente élimine le caprice momentané, mais amplifie le désir véritable, profond, en le transformant petit à petit en détermination. Vous devrez savoir dire “je veux” par l’intermédiaire de la voix, mais aussi avec l’esprit, le cœur et chaque fibre de votre être, pour que ce “je veux” devienne “je peux”. On peut définir la volonté comme la capacité de réaliser ce que l’on a décidé de faire en agissant avec persévérance. La volonté comporte donc une action subtile constante sur soi-même, une victoire continue sur les caprices de l’Égo, un contrôle sélectif et occulte de ses propres désirs. Arrachez de votre esprit cette mauvaise herbe, “impossibilité”. Rien n’est réellement impossible face à une volonté calme et résolue qui avance sans violence vers un but bien défini.

Développer la volonté signifie l’alimenter, lui faire atteindre chaque fois des objectifs différents. Les exercices possibles sont innombrables: inversez par exemple vos habitudes, en éliminant celles qui vous sont néfastes; programmez votre journée et efforcez-vous de respecter les engagements pris; contrôlez votre impulsivité ou vos autres défauts, afin d’améliorer votre vie intérieure.

Exercez votre détermination sur les petits obstacles qui parsèment la vie quotidienne: l’examen de demain, la migraine qui tenaille, l’adversaire que l’on n’arrive jamais à battre au gymnase. Protégez-vous et protégez vos proches par un invisible bouclier d’amour, quand vous êtes sur la route, en voyage, et dans les moments difficiles de l’existence. Construisez ces victoires avec votre pensée, focalisez votre attention sur l’objet désiré, mettez-vous sur sa “longueur d’onde”, visualisez-le avec toute l’intensité dont vous êtes capable. Donnez-vous du courage en vous répétant à haute voix que votre volonté est forte et puissante, en rejetant une fois pour toute votre triste image de personne fatiguée et vaincue. Essayez d’influencer les conditions atmosphériques, la mauvaise humeur de votre mari, de calmer vos enfants agités. Ordonnez mentalement à la personne assise devant vous dans l'autobus, en fixant sa nuque, de se tourner ou de faire un geste, mais ne transformez pas cet exercice en autre chose qu'un jeu inoffensif. Faites attention à ce que personne ne fasse les frais de vos tentatives de renforcement de votre volition. Le magnifique "je veux" ne devra jamais devenir cette phrase lourde et négative "tu feras ce que je veux, même si tu ne le veux pas."

LE RENFORCEMENT DU MOI

Quiconque a été, au cours de son existence, victime d'ennuis, de maladies et de tourments, quiconque a perdu une personne chère, connaît certainement l'autre face de la douleur. Contre toute attente, le Moi sort fortifié de cette épreuve pénible, quasiment insupportable. Tout le monde sait que les personnes les plus sages, les plus robustes intérieurement et donc les mieux adaptées à l'initiation ésotérique, sont celles qui ont souffert le plus. Mais si vous avez eu la chance de n'avoir jamais été effleuré par la douleur, il faudra renforcer votre âme d'une autre manière. Les ascètes et les saints dans le désert savaient pertinemment que le renoncement volontaire aux tentations fortifie l'individu. Le yoga apprend à acquérir la fermeté intérieure, à contrôler ses propres émotions, ses actes, ses pensées, ses paroles et même les fonctions physiques et physiologiques des organes normalement indépendants de la volonté. Tout ceci peut être résumé pour la pensée occidentale en un seul mot: modération. Apprendre à maîtriser sentiments et désirs dans un monde qui nous agresse continuellement avec ses slogans, sa publicité, ses bruits, n'est vraiment pas chose facile. Paradoxalement, le moine solitaire, réconforté par son unique manteau et un seul bol de riz, qui recherche le contrôle du Moi au sommet d'une montagne souffre moins que l'audacieux pionnier de l'autodiscipline et du renoncement, plongé dans le chaos occidental et soumis aux incessantes sollicitations de la publicité.

Renoncez aux sucreries, au cadeau que vous vouliez vous faire, à la colère que vous alliez laisser éclater, ou à l'interjection que vous utilisez en permanence, et sans raison, en parlant. Imposez-vous de vous lever à 7 heures, même le dimanche; inscrivez-vous (dès que vous vous en sentirez le courage) à un gymnase où l'on pratique le yoga ou les arts martiaux. La lutte disciplinée contre un adversaire, aussi invincible qu'il puisse paraître, est avant tout une lutte contre soi-même, qui vous amènera à devenir attentif, vigilant, rapide et précis. Ou bien, si la violence, même purement sportive, vous fait horreur, enfilez un survêtement et ... courez. Courez jusqu'au bout de vos forces, jusqu'à l'épuisement et quand vous sentez que vous n'en pouvez vraiment plus, forcez-vous quelques instants encore avant d'arrêter.

Il existe en Extrême-Orient, une règle que nous ne qualifierons pas simplement de masochiste: "faire également ce qui nous plaît le moins". On réussit toujours bien les choses les plus attirantes, c'est indubitable; mais ce sont les choses les moins appréciées, celles qui demandent un plus grand effort, qui fortifient l'esprit. Essayez de faire ce que vous redoutez ou que vous aimez le moins. Si vous avez horreur des hôpitaux, vous irez rendre visite à une personne de votre entourage hospitalisée. Si vous avez peur du noir, vous devrez l'affronter et accepter de passer dix interminables minutes dans la plus complète obscurité. Il arrive souvent que le "monstre" abhorré et vaincu devienne par la suite un ami sympathique et inoffensif. Il se peut que précisément celui qui laissait toujours sa lumière allumée se comporte petit à petit en habitué paisible de l'obscurité et privilégie les premières heures de la nuit pour faire ses promenades solitaires. Aujourd'hui, on entend parler jusqu'à en avoir la nausée de body-building, de culturisme, tant et si bien que personne ne s'étonne plus de l'existence d'une technique ayant pour but de "façonner" une solide musculature. Le renforcement du Moi équivaut, pour reprendre un terme actuel, au culturisme de l'esprit; il remplace la graisse de la paresse, de la peur ou des mauvaises habitudes par le muscle puissant de la force intérieure, capable de conférer à l'impossible la couleur de la virtualité.

LES TECHNIQUES POUR LE RENFORCEMENT DE LA MÉMOIRE

Un voyage astral finit très fréquemment par se transformer en un voyage dans la terre de l'oubli. Mise à part la vague et nébuleuse conscience d'être parti, il ne reste rien d'autre que l'obscurité. Parfois quelques souvenirs, comme les fragments d'un film incomplet, apparaissent à la conscience pour ensuite se perdre de nouveau dans une sorte de brouillard. C'est comme si l'on montait dans un train, que l'on s'endormait aussitôt et qu'à la fin du voyage on se réveillait... à la gare de départ! Une sorte de filtre inconscient semble entraver, ou du moins fragmenter, le souvenir des expériences vécues en dehors du corps, sans doute très intéressantes, peut-être même uniques, mais trop éprouvantes, ou traumatisantes pour ceux qui n'ont pas, ou pas encore, atteint un bon équilibre intérieur.

L'action constante sur les mécanismes mnémoniques alliée à un renforcement du Moi, aide l'individu à se souvenir de plus en plus précisément de ses aventures extracorporelles. Comme un miroir qui vient d'être nettoyé, la conscience commence à renvoyer une image de plus en plus détaillée et brillante de ce monde subtil qu'elle avait tendance à masquer, lorsqu'elle n'était pas encore bien entraînée.

EXERCICES PRATIQUES

- Concentrez-vous sur cette idée et favorisez la suggestion mentale en vous répétant: "ma mémoire progresse sans cesse."
- Gravez dans votre mémoire une dizaine d'images en essayant ensuite de les recomposer mentalement dans les moindres détails. Introduisez progressivement d'autres images, sans pour autant oublier les premières.
- Essayez d'apprendre par cœur les adresses et les numéros de téléphone, les prix, les rendez-vous, les phrases que vous avez lues et qui vous ont particulièrement attiré.

LES TECHNIQUES PRÉPARATOIRES SPÉCIFIQUES AU DÉDOUBLEMENT

Nous en sommes maintenant arrivés à l'énonciation d'une série de techniques préparatoires servant uniquement au dédoublement. Vous devrez leur réserver la partie finale du long apprentissage auquel vous vous serez soumis et que vous pourrez considérer comme terminé seulement après avoir maîtrisé tous les exercices proposés.

Il vaut mieux tout d'abord approfondir votre connaissance théorique sur le sujet, ce qui, selon Sylvan Muldoon, rend le corps astral plus dynamique; mais en contrepartie, une grande quantité de renseignements risque d'amener une personnalité non encore mature et suggestible à ne construire qu'un dédoublement imaginaire. On suggère, comme exercice préparatoire, de se concentrer sur le cône, figure dans laquelle coexistent l'expansion et la concentration maximales, ou sur la clepsydre, sur la flamme ou encore sur tout objet qui tourne. Il paraît qu'en effet les derviches faisaient un emploi particulier de ces figures et objets afin de faciliter le détachement du corps astral ou la pratique des facultés paranormales.

Même les miroirs, grâce à leur capacité de secouer le corps astral, jouent un rôle fondamental dans ce genre d'exercice. Debout, face au miroir, concentrez-vous sur votre image en la fixant sans fermer les yeux jusqu'à ce que vous commenciez à vaciller. Asseyez-vous confortablement devant votre image, et continuez à la fixer en répétant en cadence votre nom et en vous efforçant de faire coïncider votre véritable Moi avec l'image perçue, au lieu de la faire coïncider, comme d'habitude, avec votre corps physique. Une variante de cet exercice peut être obtenue en vous asseyant devant le miroir et en essayant de vous endormir. Continuez de fixer votre image jusqu'à ce que vous vous sentiez engourdi, la tête lourde et chancelante. Imaginez maintenant de vous lever en visualisant votre double debout derrière vous, les bras levés. Au moment précis du passage de la conscience au sommeil, vous verrez les bras astraux retomber sur les côtés du corps. Par cette perception consciente de l'endormissement, on arrive progressivement au contrôle total du sommeil, de sa profondeur, de sa durée et de ses phases. Cela représente la première étape du dédoublement.

Le choix du moment propice

“Chaque chose a un temps pour naître et un temps pour mourir” est-il écrit dans l’Ecclésiaste. La grande montre du ciel, dont les aiguilles sont constituées par le Soleil et la Lune, indique également le moment de l’année le plus favorable au dédoublement, les jours et les heures où l’on peut s’attendre aux meilleurs résultats.

Avant la pendule et le cadran solaire, avant la première clepsydre, l’univers donna aux hommes deux grandes et précises montres naturelles: les astres dans le ciel (et en particulier le soleil qui apparaît et disparaît tous les jours, et la lune, au visage changeant) et les saisons sur la terre, rythmées par les cycles périodiques sommeil-veille et naissance-mort de la végétation.

Les équinoxes et les solstices, les points de départ des saisons et les signes cardinaux du Bélier, du Cancer, de la Balance et du Capricorne, les nuits de pleine lune et de nouvelle lune ainsi que toutes les nuits cruciales suggérées par la tradition ésotérique (Saint Walpurgis-30 avril, Saint Jean-24 juin, Toussaint-31 octobre) semblent être les dates principales d’un calendrier magique qui règlent le phénomène du dédoublement. En outre, on considère comme très propices les périodes qui vont du 4 au 30 mai et du 11 au 24 septembre. Dans ces cas, il est probable que ce soit la température atmosphérique qui joue un rôle déterminant; la tiédeur agréable des saisons intermédiaires, loin de la chaleur caniculaire de l'été, se prête plus que tout autre climat au phénomène de l'extériorisation, lequel, nous le verrons par la suite, est empêché par le froid et la chaleur excessifs.

Quant à l'heure magique, il est inutile de le dire, c'est la nuit... Magique, car au moment où l'obscurité accueille le sommeil de tous les habitants du monde, où les bruits, les pensées, les activités cessent, les énergies cosmiques se réveillent, plus fortes, plus prégnantes. Le corps astral, qui n'est plus alors occupé à faire fonctionner le corps physique auquel il est lié, se sent libre de se détacher et d'aller se recharger.

Reichenbach, le premier chercheur de l'aura, remarquait que les phénomènes lumineux qu'elle produisait étaient plus fréquents aux heures du coucher du soleil et de la nuit et qu'ils diminuaient à l'approche de l'aube. La période la plus favorable de la journée semble donc être située entre vingt-deux heures et trois heures du matin, bien que certains affirment préférer, pour le dédoublement, les moments du matin précédant le réveil. En ce qui concerne le sommeil, les avis sont encore plus partagés: faut-il s'extérioriser tout de suite, avant de s'endormir, lorsque l'on sent toute la fatigue de la journée, ou bien se reposer quelques heures avant de commencer l'expérience?

Même dans ce dernier cas, les statistiques confirment que cela varie selon les préférences individuelles. Les différentes phases de l'endormissement favorisent diversement les expérimentateurs. Certains affirment que les heures les plus propices sont celles qui précèdent minuit, lorsque le besoin de dormir est très fortement ressenti, tandis que d'autres préfèrent se réveiller vers deux ou trois heures du matin pour procéder à leur expérience une fois reposés.

Afin de choisir l'heure favorable, Piobb, un occultiste célèbre, suggère de tenir compte des heures planétaires, en associant ainsi dédoublement, magie et astrologie. Selon la tradition ésotérique, chaque heure du jour et de la nuit est en effet présidée par une planète différente (dans l'ordre: Soleil, Vénus, Mercure, Lune, Saturne, Jupiter, Mars, puis de nouveau Soleil, et ainsi de suite) en commençant, pour la première heure, par la planète qui domine le jour de la semaine en question:

LUNE LE LUNDI
MARS LE MARDI
MERCURE LE MERCREDI
JUPITER LE JEUDI
VÉNUS LE VENDREDI
SATURNE LE SAMEDI
SOLEIL LE DIMANCHE

La planète qui nous intéresse ici est Jupiter, comme tout astrologue peut le confirmer, car elle est liée au signe du Sagittaire et aux longs voyages. Piobb conseille donc de faire l'expérience pendant l'heure de Jupiter, c'est-à-dire, en partant de l'aube:

Lundi:	3e	10e	17e	24e
Mardi:	7e	14e	21e	
Mercredi:	4e	11e	18e	
Jeudi:	1re	8e	15e	22e
Vendredi:	5e	12e	19e	
Samedi:	2e	9e	16e	23e
Dimanche:	6e	13e	20e	

Il faut cependant tenir compte du fait que les heures planétaires ne durent pas 60 minutes, car leur extension varie toujours selon la saison. L'heure planétaire d'été aura plus de soixante minutes, car la durée effective du jour dépasse les douze heures officielles. En hiver, les heures les plus longues seront, en revanche, celles de la nuit, et les plus courtes, celles du jour. Seulement pendant les périodes proches des équinoxes (printemps et automne), au cours desquelles le jour et la nuit ont plus ou moins la même durée, les heures planétaires vont être presque toutes identiques. Le calcul n'est pas difficile. On peut le résumer de la manière suivante:

— pour obtenir la durée des heures planétaires diurnes, on calcule les heures et les minutes entre l'aube et le coucher du soleil (de la première à la douzième), pour les heures nocturnes, on calcule à partir du coucher du soleil jusqu'à l'aube (de la douzième à la vingt-quatrième);
— on divise le chiffre obtenu par douze;
— on tient compte de l'heure de l'aube effective (ou celle du coucher du soleil, pour les heures nocturnes) et non de l'heure légale, et l'on commence à compter par la première (ou par la treizième pour les heures nocturnes) en ajoutant à chaque heure planétaire le temps obtenu par la deuxième opération.

Voici un exemple:
nous voulons calculer l'heure planétaire diurne et nocturne de Jupiter pour un mercredi. Ce jour-ci, le soleil se lève à 7 heures 30 du matin et se couche à 17 heures 30.

Intervalle entre l'aube et le coucher de soleil = 10 heures, et intervalle entre le coucher de soleil et l'aube = 14 heures.

Division des 10 heures effectives du jour et des 14 heures de la nuit en 12 parties égales

$$\frac{\text{minutes } 600\ (10 \times 60)}{12} = \text{minutes } 50$$

$$\frac{\text{minutes } 840\ (14 \times 60)}{12} = \text{minutes } 70$$

L'heure planétaire diurne (de la première à la douzième) aura une durée égale à 50 minutes, l'heure planétaire nocturne (de la treizième à la quatorzième) à 70 minutes.

Nous savons, grâce au tableau précédent, que les heures planétaires de Jupiter sont, le mercredi, la quatrième et la onzième (diurnes) et la dix-huitième (nocturne). En partant de l'aube (7 heures 30) et en ajoutant à chaque heure 50 minutes, nous obtiendrons:

1re heure: de 7 heures 30 à 8 heures 20
2e heure: de 8 heures 20 à 9 heures 10
3e heure: de 9 heures 10 à 10 heures
4e heure: de 10 heures à 10 heures 50
5e heure: de 10 heures 50 à 11 heures 40
6e heure: de 11 heures 40 à 12 heures 30
7e heure: de 12 heures 30 à 13 heures 20
8e heure: de 13 heures 20 à 14 heures 10
9e heure: de 14 heures 10 à 15 heures
10e heure: de 15 heures à 15 heures 50
11e heure: de 15 heures 50 à 16 heures 40
12e heure: de 16 heures 40 à 17 heures 30: heure du coucher du soleil.

À partir de ce moment (17 heures 30), nous ajoutons à chaque heure 70 minutes:

13e heure (1re de la nuit): de 17 heures 30 à 18 heures 40
14e heure (2e de la nuit): de 18 heures 40 à 19 heures 50
15e heure (3e de la nuit): de 19 heures 50 à 21 heures
16e heure (4e de la nuit): de 21 heures à 22 heures 10
17e heure (5e de la nuit): de 22 heures 10 à 23 heures 20
18e heure (6e de la nuit): de 23 heures 20 à 0 heure 30
19e heure (7e de la nuit): de 0 heure 30 à 1 heure 40
20e heure (8e de la nuit): de 1 heure 40 à 2 heures 50
21e heure (9e de la nuit): de 2 heures 50 à 4 heures
22e heure (10e de la nuit): de 4 heures à 5 heures 10
23e heure (11e de la nuit): de 5 heures 10 à 6 heures 20
24e heure (12e de la nuit): de 6 heures 20 à 7 heures 30

Les heures planétaires de Jupiter seront donc pour ce jour:

— diurnes: de 10 heures à 10 heures 50 (4e)
de 15 heures 50 à 16 heures 40 (11e)
— nocturnes: de 23 heures 20 à 0 heure 30 (18e)

Tout cela pour décider de l'heure à laquelle réaliser l'expérience. Quand vaut-il mieux l'éviter? Il y a deux interdictions formelles:

— pendant la période des règles (pour les femmes);
— dans les périodes d'anxiété, de préoccupation, de maladie.

L'habillement

À l'encontre de ce que dit le vieux proverbe, l'habit fait dans ce cas le moine, ou plutôt... le dédoublé. Des textiles naturels (coton, lin, laine...), des couleurs calmes comme le bleu, le violet, le blanc, des vêtements confortables et chauds constituent la meilleure tenue. Il faut éviter, en revanche, les chaussures et tout objet métallique.

Le mot d'ordre est: confortable et chaud. Ce qui veut dire être nu lorsque la température est très élevée, et protégé par un vêtement chaud lorsque le climat n'est pas assez doux pour assurer une agréable tiédeur pendant toute la durée de l'expérience. Il faut savoir que, pendant le dédoublement, la tension et la température du corps ont tendance à baisser: on aura donc plus froid que dans des conditions normales. Il est tout à fait contre-indiqué de porter des ceintures, des chaussures, ou des objets métalliques; évitez si possible les couvertures.

La chromothérapie, c'est-à-dire le soin des maladies par les couleurs, grâce à des bains de lumière ou à des tissus colorés appliqués sur la partie malade, a prouvé que chaque couleur, par des longueurs d'onde différentes, dégage une énergie particulière. Ces énergies agissent directement sur les corps subtils et ensuite, par l'intermédiaire de ces derniers, sur le corps physique.

Choisissez donc un vêtement aux tons reposants, rééquilibrants, tels le bleu, le violet ou le blanc. Même le tissu joue un rôle fondamental: la tenue du magicien, par exemple, doit obligatoirement être en lin, la fibre qui favorise le plus l'échange des énergies fluidiques avec l'environnement. Des tissus naturels tels que la laine et le coton sont également acceptables; la soie est, en revanche, déconseillée car elle agit plutôt comme barrière de protection et, par conséquent, empêche la sortie de l'astral. On déconseille également toutes les fibres synthétiques qui causent fréquemment de véritables blocages d'énergie subtile.

L'environnement

L'humidité, le bruit, la lumière, l'électricité atmosphérique et le froid sont des ennemis acharnés du corps subtil. Choisissez donc un environnement confortable qui soit, si possible, chargé d'énergies positives bénéfiques.

La parapsychologie nous apprend que presque toutes les cathédrales, les sanctuaires, les lieux particuliers où nous pouvons admirer les "vestiges" des grandes civilisations du passé, se situent dans des endroits chargés de forces subtiles dues à des courants souterrains qui les parcourent et qui s'y croisent. Un lieu magnétique est un endroit où tout peut arriver; l'énergie charge tous les *chakra* et vitalise les corps subtils; les phénomènes de télépathie et de précognition, les communications avec l'invisible, les dédoublements, les guérisons miraculeuses, tout devient possible dans cette atmosphère magique, capable de générer l'impossible.

De nombreuses personnes, au retour d'un de ces lieux, nous racontent, souvent stupéfaites, avoir ressenti comme une sorte de bouleversement intérieur, d'altération de la personnalité (que l'on explique d'ailleurs facilement par l'effet du magnétisme terrestre). Si l'endroit choisi pour le dédoublement se trouve en un lieu où se concentrent ces courants telluriques, l'expérience a plus de chances de réussir.

Pour le savoir, il suffit de se procurer un petit pendule de radiesthésiste: il s'agit d'un instrument très simple, composé d'un fil auquel on attache un corps sphérique (ou à la rigueur une clé ou une bague); en oscillant et en tournant, il indique, selon des codes déterminés, l'objet ou l'information recherchés. Un mouvement très rapide du pendule, dont le fil doit être appuyé sur l'index et bloqué par le pouce pour qu'il ne se déplace pas trop (voir illustration n° 3), indiquera une bonne condition magnétique de l'environnement et la présence de courants telluriques positifs. Le lieu idéal pour une expérience de dédoublement devrait être situé au centre de forces bénéfiques, peut-être à la campagne, loin des lignes électriques et des structures métalliques qui font de la ville un champ de mines plein d'obstacles que le corps astral doit franchir.

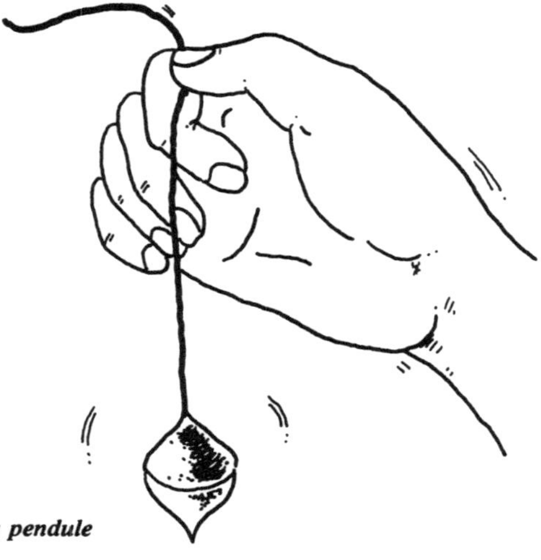

Figure 3.
L'utilisation du pendule

Recherchez le silence, la solitude; protégez-vous des bruits imprévus, des visites importunes, du téléphone. Une maison isolée, aux fenêtres bien fermées, une chambre au tapis épais, créeront les conditions optimales pour la sortie de l'astral. Un lit rigide, un matelas par terre ou un fauteuil bas accueilleront votre corps physique pendant le voyage du double. Des sièges ou des fauteuils trop hauts devront, en revanche, être évités, car la peur de tomber peut compromettre la réussite de l'expérience. En outre, il est important d'orienter le corps physique vers le Nord, source des courants magnétiques terrestres. Une musique relaxante, à bas volume, le parfum d'un bâton d'encens brûlant à proximité, bénéfique pour les centres subtils, vont contribuer à créer l'atmosphère favorable. Toute la littérature sur ce sujet indique certains critères impératifs liés à la température, l'électricité atmosphérique, la pression, l'humidité et la lumière.

LA TEMPÉRATURE

La température environnante doit être plutôt élevée et de toute façon supérieure à celle du corps physique. Il est donc indispensable de chauffer le lieu prévu pour l'expérience, même si la saison est douce: la chaleur dilate, alors que le froid contracte, empêchant ainsi la sortie des corps subtils de l'enveloppe matérielle.

L'ÉLECTRICITÉ ATMOSPHÉRIQUE

L'électricité est un facteur qui défavorise le physique ainsi que le double, car elle crée une barrière qui repousse ce dernier. Le dédoublement se fait alors plus difficile en raison du déséquilibre nerveux qui affecte le sujet.

LA PRESSION ATMOSPHÉRIQUE

Une pression supérieure à 760 millimètres de mercure augmente la luminosité du double, mais lui fait perdre de l'énergie. Au-dessus de cette limite, on obtiendra donc plus facilement des effets de visibilité et des phénomènes de type mécanique (coups, déplacements d'objets, etc.).

L'HUMIDITÉ

Le double, en tant que condensation de force électrique, est fortement affecté par l'humidité qui l'empêche de prendre forme; il en résulte un gaspillage d'énergie nerveuse.

LA LUMIÈRE

La lumière semble renforcer le lien existant entre le corps physique et les corps subtils, en écrasant le double vers le bas dès qu'il essaye de se soulever. L'obscurité, ou du moins la pénombre, constitue l'une des conditions essentielles de l'extériorisation. Ceux qui ne supportent pas l'obscurité totale peuvent allumer une petite lampe de chevet bleue ou rouge, placée le plus loin possible de l'expérimentateur; dans ce cas, les murs et les draps devront être de teinte sombre, afin d'éviter des réverbérations négatives.

LE BRUIT

Il faut éviter le plus possible les bruits soudains ou insolites, responsables d'un retour brusque du corps astral dans le physique avec des conséquences désagréables et parfois dangereuses telles que des nausées, des vertiges, etc.

L'ISOLEMENT

Il est toujours préférable d'expérimenter le dédoublement en solitaire, à l'abri des interférences éventuelles; prenez donc soin de fermer à clé la porte de votre chambre en priant votre famille de respecter cette retraite volontaire. Si cela ne s'avère pas possible, gardez par rapport aux autres une distance d'au moins deux mètres, afin d'éviter des problèmes inhérents aux vibrations; le double risquerait, en sortant, d'être attiré par le corps de l'autre avec de graves conséquences pouvant entraîner, selon certains, des risques de possession. T. Palamidessi affirme cependant que l'on peut faire une exception pour le conjoint qui peut, s'il se trouve en parfaite harmonie avec l'expérimentateur et d'accord avec sa tentative de dédoublement, l'aider en tant que générateur d'énergie.

La situation change de toute évidence lorsque le dédoublement est obtenu par hypnose, où l'on prévoit la présence du magnétiseur et celle d'au moins un témoin. Il est nécessaire que les témoins ne soient jamais trop nombreux, qu'ils aient eu, en outre, la possibilité de se familiariser entre eux avant l'expérience et qu'ils sachent garder le calme et le silence pendant toute la durée de la séance. Évitez d'y faire participer des personnes agitées ou trop volontaires et indisciplinées, car en irradiant autour d'elles de l'énergie incontrôlée, elles repousseraient celle produite par le magnétiseur dans le but d'extérioriser le double. Des témoins que l'expérimentateur trouverait antipathiques se révéleraient également extrêmement négatifs ainsi que ceux pour lesquels il éprouve, au contraire, une vive sympathie; ces derniers, bien qu'ils n'empêchent pas l'extériorisation, attireraient instantanément à eux le double en empêchant sa condensation. Le résultat serait un grand et inutile gaspillage d'énergie.

Indépendamment de la technique par laquelle on obtient le dédoublement, il faut de toute manière exclure impérativement du lieu où le phénomène se produit:

— les inconnus;
— les femmes en période de menstruation (en raison du risque d'échange énergétique négatif);
— les animaux et notamment les chats, sujets à de véritables crises de folie par crainte de la mort à laquelle le dédoublement s'apparente.

Souvenez-vous, comme dernière précaution, de toujours prévenir de vos intentions les personnes qui habitent avec vous ou celles auxquelles vous avez décidé d'aller rendre visite avec votre corps astral. La vue de votre corps matériel inerte, froid, et de votre double qui se promène dans la maison en passant à travers les portes et les murs, risque, en effet, de provoquer des réactions émotives très graves aux conséquences désastreuses, y compris sur votre corps physique et vos corps subtils.

Préparation au dédoublement

Après un long entraînement, nous sommes arrivés au moment crucial. Tout est prêt, les vêtements, l'atmosphère de la pièce, l'orientation du lit vers le Nord. Il ne reste plus que deux règles à observer: un repas léger, mieux encore un jeûne et un bain d'eau tiède, bien salée.

Vous voici à la veille du grand jour, le temps de votre premier dédoublement.

Après avoir acquis les techniques préparatoires de relaxation, de respiration, de visualisation et avoir déterminé le moment le plus favorable, préparé l'atmosphère il ne vous reste plus qu'à régler les derniers détails.

- Observez le jeûne ou tout du moins limitez-vous à prendre un repas très léger et bien à l'avance, à base de riz cuit à la vapeur ou de thé, dans le but de ne pas alourdir l'estomac, mai aussi de provoquer cette légère sensation de faim que le corps astral essaiera d'apaiser en procédant à son dédoublement.

- Prenez un bain d'eau tiède et bien salée. C'est tout. Débranchez le téléphone, fermez les portes et les fenêtres, éloignez de vous le monde avec tout ce qu'il comporte d'engagements, de bruits, son va-et-vient chaotique. Vous êtes prêt... alors, bon voyage.

Techniques de sortie consciente

Une fois que l'on est intimement mûr pour y parvenir, au moment où le ciel détermine l'instant propice, le dédoublement se fait sans grande difficulté. On peut alors se servir de techniques pour la sortie inconsciente, la moins traumatisante mais aussi la moins féconde, car elle se dilue dans l'oubli. Ou alors, on peut faire appel à des systèmes mis au point pour l'extériorisation volontaire et consciente, qu'elle soit totale ou, pour les premières tentatives, partielle. Ces systèmes sont beaucoup plus difficiles à appliquer, mais infiniment plus satisfaisants.

Quant à la sortie en hypnose, elle constitue un cas à part: elle peut être effectuée par un bon expérimentateur, ou bien par les plus hardis, sur eux-mêmes, à l'aide d'horloges ou de miroirs.

Le *chaman* se dédouble grâce à la danse extatique, la sorcière à l'ordre de parfums hypnotiques ou de miroirs. Certains préfèrent la transe, d'autres la sortie consciente, d'autres encore le dédoublement en rêve. Nous n'allons pas traiter au cours de ces pages de la danse ou de la narcose, une technique — si l'on veut bien la considérer comme telle — qui, en brûlant les étapes, rappelle la maturation forcée hors saison en serre des légumes au goût fade. Chaque étape de la vie, chaque vie dans le ciel karmique des existences a son temps pour naître et pour mourir. Si votre temps est arrivé, vous vous dédoublerez sans peine; sans doute la grande thématique du dédoublement vous a attiré avant même de réaliser votre attirance pour elle. Mais si vous ne possédez pas cette maturité, si chaque tentative tombe à l'eau, alors tant mieux, cela veut dire que pour le moment vous en tireriez plus d'ennuis que d'avantages.

Tôt ou tard, la grande horloge du Ciel marquera également votre heure, sans que vous forciez les événements, sans que vous obligiez votre organisme à subir quelque chose qui ne lui est pas naturel, ou les dangereux méfaits de certaines substances.

Ce chapitre se veut une sorte de "marché aux techniques". Regardez-les, goûtez, comparez. Il y en aura bien une qui retiendra votre attention plus particulièrement. Adoptez-la, c'est sans doute la meilleure technique pour vous, faite sur mesure pour votre personnalité, vos inclinations et vos exigences.

Tenter de réussir un dédoublement véritable peut même être renouvelé tous les jours. À partir de ce moment, y procéder une fois par semaine, un même jour à heure fixe, sera largement suffisant pour assurer une recherche sérieuse et persévérante, en vous gardant du même coup de dépenses d'énergie néfastes. La première sortie devra se limiter à une durée de 4 ou 5 minutes, à une distance maximale de 3 à 5 mètres du corps physique. La deuxième fois, vous pourrez rester dédoublé pendant 12 à 15 minutes, à environ 10 à 15 mètres, tout en prenant garde de rester éloigné des autres personnes. Pour la troisième sortie, les valeurs pourront être augmentées de 20 à 25 minutes et de 40 à 45 mètres; la quatrième pourra durer jusqu'à une demi-heure, ensuite jusqu'à une heure ou même deux, à travers une série de passages graduels.

TECHNIQUE N° 1 POUR DÉBUTANTS

• Couchez-vous sur le dos, les jambes et les bras légèrement écartés, les paumes en contact avec le matelas. Ceux qui ne se sentent pas à l'aise dans cette position pourront se tourner sur le côté droit; il faut, en revanche, éviter le côté gauche car cela fatiguerait ultérieurement le cœur, qui est déjà sollicité par cette expérience. La position assise, même si elle est utilisée normalement par les praticiens du yoga, est aussi déconseillée, du moins au début; la sensation de panique, de projection en avant que l'on ressent en se dédoublant dans cette position pourrait faire que le corps astral réintègre le corps physique en bloquant la respiration.

• Contractez, puis relaxez chaque muscle, chaque zone de votre corps depuis les pieds jusqu'à la tête, en prenant conscience de la sensation de pesanteur et de torpeur qui envahit votre corps tout entier.

• Imaginez que vous vous effondrez dans le matelas (comme si votre corps était devenu de plomb) ou, si vous le préférez, pensez que vous vous soulevez lentement dans l'air, progressivement privé de votre poids.

• Visualisez par la force de votre esprit une onde bleue qui partirait de vos pieds, monterait jusqu'à votre tête et envelopperait votre corps dans une quarantaine d'anneaux. Quand vous perdrez la sensation du corps physique, c'est-à-dire lorsque vous essayerez de soulever une main et que vous vous apercevrez de n'en plus être capable, vous aurez franchi le seuil du dédoublement. Vous perdrez alors progressivement le sens du toucher, puis ceux de l'odorat, du goût, de l'ouïe et de la vue.

• La respiration doit être la plus calme et profonde possible, avec de longues phases de rétention. Certains auteurs conseillent d'effectuer, avant ce stade extrêmement ralenti, une respiration très accélérée (hyperventilation). Maintenez le rythme cardiaque entre 22 et 40 battements par minute. Vous sentirez à ce moment-là une sensation curieuse de légèreté, d'apesanteur, un coup au cœur, une sensation imprévue de chute dans un tunnel noir, ou de vol.

• Ayant rejoint votre corps astral, sortez de votre corps physique par les pieds, ou bien en vous appuyant sur eux comme si vous vouliez plonger dans le matelas (voir illustration n° 4). Certaines personnes préfèrent se tourner sur le côté ou glisser à l'extérieur par le point situé à la racine du nez. En tout cas, il semble que la première zone du corps astral qui se détache soit toujours la tête. Vous allez

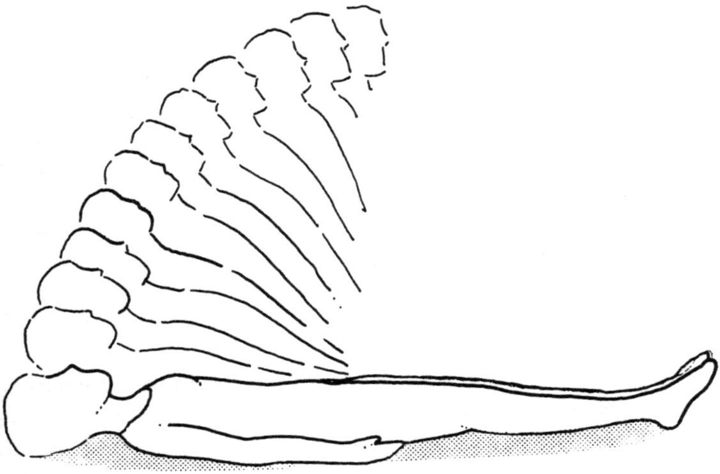

Figure 4. Le dédoublement

alors éprouver une nette sensation de chute, de tiraillement, de vibration, de flottement que la physiologie attribue à la compression des nerfs de la colonne, due à la position couchée. Souvent la peur arrache un cri ou une sorte de grognement étouffé.

TECHNIQUE N° 2 POUR CEUX QUI SONT DÉJÀ HABITUÉS AU DÉDOUBLEMENT

• Commencez par vous perdre dans une rêverie, comme si vous rêviez les yeux ouverts, ou mieux encore, par une méditation concernant le lieu où vous avez l'intention d'envoyer votre double et, éventuellement, l'action que vous désirez lui faire accomplir.

• Assis ou couché, immobile, "étouffez" vos sens un par un, en vous concentrant. L'absence totale d'odeurs ou de parfums dans la pièce, des tampons de coton dans les oreilles, des rondelles sur les yeux ou bien l'obscurité totale faciliteront cette phase de l'expérience: l'engourdissement représente, en effet, un facteur favorable à la sortie.

• Concentrez-vous sur votre volonté intense de vous dédoubler, une volonté si forte, si puissante, que vous la percevrez comme une barre de fer qui traverse votre cerveau.

• À partir de ce moment-là, votre respiration se fait beaucoup plus légère, tandis qu'une sensation irrésistible de léthargie s'empare de votre corps tout entier. C'est le moment propice pour le détachement de chaque partie du corps.

D'AUTRES CONSEILS POUR LA SORTIE CONSCIENTE

Selon ce que chacun préfère, mais en passant toujours par la méditation et la respiration contrôlée, la technique de sortie peut être variée en déplaçant l'objet de la concentration.

a) Après avoir effectué la relaxation de chaque muscle et ralenti le battement du cœur au moyen de la respiration contrôlée, visualisez votre corps astral se soulevant au-dessus du corps physique. Chaque sensation de présence sur la matière doit être effacée, la conscience doit être entièrement transférée sur votre double. Continuez à fixer votre attention sur le corps astral jusqu'à en percevoir clairement les mouvements, la rotation qu'il s'effectue sur lui-même et son éloignement, en vol, du corps physique. Ce scénario pourra être complété par des rayons, des nuages de vapeur, etc.

b) Après avoir effectué la relaxation et le contrôle de la respiration, essayez de concentrer votre regard sur la pointe de votre nez ou entre vos yeux, ou bien encore sur un point immobile, extérieur, qui se trouve à une distance d'environ 90° de votre corps, par exemple la flamme d'une bougie, jusqu'à ce que les yeux aient perdu leur capacité d'accomodation.

c) En pratiquant la respiration rythmique, ce qui baisse remarquablement le taux d'acide carbonique dans le sang, concentrez votre attention sur les pulsations cardiaques que vous pourrez ressentir progressivement dans chaque zone de votre corps (le cou, les joues, le front, le creux de l'estomac, l'aine, les cuisses, le mollet, le pied).

d) Focalisez la concentration sur un vortex ou sur un objet rotatif réel ou produit par le procédé de la visualisation. Une variante empruntée aux chamans consiste à appliquer la technique directement sur soi-même, en tournoyant pendant quelques minutes avant de prendre place sur le lit préparé pour l'expérience. Les vertiges provoqués par ces pratiques constituent déjà en eux-mêmes un début de dédoublement qui devra être prolongé en gardant l'image mentale de la rotation tourbillonnante, perçue ou subie, jusqu'au décollement du corps astral.

e) Il s'agit d'une technique mise au point par l'occultiste anglais Aleister Crowley, que l'on effectue en visualisant une porte fermée au centre d'une paroi vide. Avec les yeux de son esprit, on devra la "voir" s'ouvrir lentement. Elle dévoilera une lumière intense où le corps astral plongera après en avoir franchi le seuil.

f) Un autre procédé, semblable au précédent, prévoit la visualisation de son double pendant qu'il traverse un cône, le solide qui, plus que les autres, symbolise le concept de la concentration la plus profonde et de l'expansion maximale.

g) Cette méthode-ci est d'origine japonaise. Elle est centrée soit sur le désir de voir la personne aimée, soit le souci qu'on se fait pour elle. Une fois fixé le but à atteindre dans son voyage astral, c'est-à-dire l'endroit où la personne en question se trouve, il faut établir, lorsqu'on est encore à l'état de veille, un nombre particulier de pas, autrement dit les étapes qui vous séparent d'elle, et fixer votre attention sur celles-ci. Votre corps astral, après s'être dédoublé, aura tendance à suivre le chemin prédéterminé, en se rendant là où le désir formulé le pousse. Lorsqu'il arrive, après avoir frappé, il pourra se manifester de manière visible ou bien laisser un message, déplacer un objet, etc. Le retour dans le corps physique devra se faire en parcourant les mêmes étapes à reculons, sans en sauter aucune.

TECHNIQUES POUR LA SORTIE PARTIELLE

Ceux qui se font quelques soucis à propos du dédoublement conscient pourront s'orienter, au moins pour leurs premières tentatives, vers l'extériorisation limitée à un membre de leur corps.

Après avoir mis au point une des techniques conseillées pour la projection consciente, une fois arrivé le moment fatal du "déclic", du décollement des deux corps, on devra circonscrire le dédoublement en le limitant à la zone du corps voulue. On pourra, par exemple, détacher seulement une main en se proposant de toucher un objet hors de la portée du corps physique ou, au contraire, allonger le plus possible la main astrale pour voir ce qu'elle réussit à toucher, en tenant compte de sa capacité de pénétrer la matière.

Bob Monroe, dont les expériences de dédoublement sont très célèbres, suggère de ramener les deux bras astraux et de les joindre au-dessus de la tête afin de se sentir, comme la terrible déesse Kali de la mythologie hindoue, dotés de quatre bras.

Techniques de sortie inconsciente

Plusieurs experts du dédoublement recommandent un entraînement doux, graduel, en renvoyant la sortie volontaire et consciente (plus traumatisante et plus difficile à obtenir) à un second temps. Ils ont donc mis au point, spécialement pour les néophytes, une série de méthodes qui ne présentent aucun danger mais qui souvent, malheureusement, ne présentent pas non plus une crédibilité qu'on serait en droit d'attendre. Elles sont basées sur la projection inconsciente que l'on peut vérifier à travers le souvenir du rêve ou même par le contrôle du rêve.

TECHNIQUE N° 1

L'emploi de cette technique prévoit la connaissance quasi parfaite de toutes les phases, y compris leurs détails, du procédé du dédoublement conscient.

Après vous être couché, visualisez, comme nous l'avons déjà expliqué, l'onde bleue qui parcourt le corps en partant des pieds pour arriver jusqu'à la tête. En relaxant progressivement chaque zone du corps, désensibilisez graduellement votre physique, tout en fixant votre attention sur le contrôle de la respiration. Une fois atteint un bon niveau de relaxation, avant de vous abandonner au sommeil, visualisez, pendant que vous glissez dans la torpeur, la sortie du double, la trajectoire qu'il suit, la destination qu'il atteint, les actions qu'il accomplit, puis sa rentrée. Le matin, contrôlez la trame de vos rêves et vérifiez la crédibilité du dédoublement par d'éventuels procédés de vérification fixés à l'avance (lecture de chiffres ou déplacement d'objets placés hors de la portée du corps physique, témoignage d'amis, etc.).

TECHNIQUE N°2

Il s'agit d'un système basé sur le principe voulant que les rêves de chute, de vol, de traumatisme soient en réalité des formes de dédoublement inconscient.

Fox parvint à cette conclusion en observant l'incohérence fréquente du rêve et la conscience que l'on est en train de rêver, ce qui présuppose la capacité de produire, guider et prolonger à son gré sa propre activité onirique.

Toutefois, lorsque l'effort accompli pour rester dans le rêve était excessif, il commençait à éprouver une sensation de douleur en correspondance avec la glande pinéale, apparemment celle qui est directement liée au corps astral et il entrait dans une phase de sommeil très léger, caractérisée par la conscience qu'il dormait. C'est à ce moment particulier que se produisait le "déclic", le décollement des corps subtils du corps physique et donc la sortie du corps astral.

Étant bien entendu que tous les rêves produits par notre inconscient ne coïncident pas forcément avec une sortie du corps astral, on peut procéder de la manière suivante.

- Apprendre à contrôler toutes les phases de l'endormissement; la conscience commence alors à se transférer, sans douleur, à l'extérieur du corps physique.

• Créer, lorsque l'on est éveillé, une scène onirique pouvant provoquer le dédoublement et où l'expérimentateur joue, bien évidemment, un rôle actif. S. Mouldon suggère le choix d'un sujet pour lequel on ressente une attirance naturelle et qui soit cependant toujours en relation avec le vol ou la chute. Prendre l'ascenseur, monter en ballon ou en avion, effectuer un saut en hauteur ou bien émerger des profondeurs marines, flotter dans une bassine remplie d'eau dont le niveau monte sans cesse: voilà des sujets oniriques particulièrement adaptés! Ceux qui le préfèrent pourront, en revanche, créer mentalement un rêve où ils pourront observer leur propre image dans un miroir pendant qu'ils courent à reculons sans s'arrêter.
D'autres jugent meilleure la perception onirique de leur silhouette pendant qu'elle sort du corps et qu'elle se condense comme de la vapeur au-dessus de lui.

• Transposer son propre soi-même dans la scène onirique. Le rêve, basé uniquement sur la suggestion (comme le fait de se réveiller automatiquement à une heure déterminée sans l'intervention d'un réveil), est utilisé pour sortir et rentrer dans son corps. Dans ce cas, la sortie est facilitée par une forte sensation d'épuisement physique.

TECHNIQUE N° 3

Toujours dans le cadre de la sortie inconsciente, on peut utiliser, pour catalyser le dédoublement, un désir provoqué expressément et non satisfait.

Dans ce cas, après s'être libéré des liens de l'état d'éveil, le corps astral essaie de se détacher du physique endormi dans la tentative d'assouvir sa convoitise. L'objet du désir, qui sera toujours d'ordre primaire telles la faim et la soif, pourra être utilisé comme une sorte d'"appât", afin d'attirer le corps astral à peu de distance du lit sur lequel l'expérimentateur est couché, mais en tout cas loin de la portée d'action du corps physique. Si la trame des rêves contient, lors du réveil, l'action convoitée, on peut présupposer, avec de fortes probabilités, avoir vécu un épisode de dédoublement pendant la nuit.

TECHNIQUE N° 4

Couchez-vous en fixant votre attention sur le thème du dédoublement. La mono-idéation agira dès que le sommeil aura endormi votre volonté consciente. Imaginez avec votre esprit le corps astral pendant qu'il sort du corps physique comme une colonne de vapeur et imposez-vous d'enregistrer tout ce qui se passera à partir de ce moment. Il serait bon, en guise de contrôle, de poser sur le bord d'un meuble un objet léger (une plume, une feuille de papier, une lamelle de liège, etc.) et de s'endormir avec la volonté déterminée de le faire tomber, en s'aidant de la visualisation de l'acte.

En règle générale, on se réveille de cette expérience étourdi, abruti, énervé, avec l'impression d'avoir dormi d'un classique sommeil de plomb dépourvu de rêves. Si, au contraire, le sommeil a été très agité, cela indique une volonté trop agitée, exaspérée. Dans ce cas, il faut se persuader que le fait d'avoir une forte volonté ne devrait jamais occasionner, mais favoriser une fermeté sereine et calme.

La sortie en hypnose

QU'EST-CE QUE L'HYPNOSE?

Hypnotiser signifie plonger un individu dans un état de conscience particulier, autre que le sommeil et l'éveil, mais qui n'est pas forcément anormal, en se servant de techniques spécifiques dites "inductives". L'état hypnotique, tout comme le sommeil, fait tomber les barrières de la conscience. L'inconscient est ainsi libre de laisser affleurer ses secrets et de se rattacher à l'inconscient individuel d'autres personnes dans ce grand océan qu'est l'inconscient collectif.

L'hypnose n'est pas, comme le prétendent la plupart des scientistes, un phénomène paranormal, une extase, une méditation, une perception extra-sensorielle ou une matérialisation. Il ne faut pas non plus la confondre avec la fascination qui est un moyen sournois de soumettre et d'assujettir les autres. On a parfois peur de l'hypnose, croyant à tort que l'on va se couper de la réalité. Notre faiblesse, opposée à la force de l'hypnotiseur, nous désoriente. Abandonnés dans un fauteuil, privés de défenses, nous nous sentons tout petits, désarmés, écrasés par son pouvoir. Nous sommes terrorisés à l'idée que nos secrets soient dévoilés ou que des comportements et des paroles répréhensibles soulèvent la trappe du surmoi et sortent à l'air libre. Or, aucun expérimentateur ne pourra jamais nous obliger à faire quelque chose à laquelle notre âme se refuse. Notre véritable moi, les lois et les convictions que nous avons intériorisées, tout ce qui n'est pas le fruit des conventions, ni instinct déguisé ou étouffé, ne pourront jamais changer.

Si l'hypnose ouvre la porte de notre maison intime et regarde à l'intérieur, elle ne peut, en revanche, changer la couleur des meubles ou le visage des personnes qui s'y trouvent. En d'autres termes, elle peut abattre des barrières, détendre, libérer, mais elle n'arrivera jamais à dénaturer la personnalité d'un individu.

Il y a également des personnes qui redoutent l'éventualité de ne plus pouvoir revenir. Elles en ont peur comme d'un dragon capable d'avaler à tout jamais leur conscience et de les reléguer dans un état de sommeil, de dédoublement perpétuel. Or, ce risque n'existe pas: le sommeil hypnotique, s'il n'est pas interrompu, se transforme en un sommeil naturel. S'il y a un risque quelconque, c'est plutôt dans l'éventuel déséquilibre psychique du sujet hypnotisé, pouvant déterminer un état de dissonance intérieure en raison de la fuite de matériaux inconscients. L'application de l'hypnose devrait donc être réservée aux médecins, psychologues ou personnes compétentes ayant suivi des cours de théorie et de pratique.

L'utilisation occulte de l'hypnose suppose que les canaux du paranormal, plus ou moins obstrués mais présents en chacun de nous, puissent être réactivés en supprimant la crainte ou le refus inconscient du sujet face à l'occultisme. Pendant le sommeil hypnotique notre cerveau montre des capacités insoupçonnables: réussir à résoudre les problèmes mathématiques les plus compliqués, mémoriser des textes ou des paroles, résoudre des énigmes embrouillées, tout se transforme en jeux d'enfants même pour ceux qui, à l'école, étaient des cancres. Les manifestations paranormales, comme toutes les autres fonctions cérébrales, augmentent pendant l'hypnose. Il est donc tout à fait normal que l'on puisse lire sans peine des livres fermés, voir le contenu de boîtes closes, prédire le futur ou se promener dans une autre dimension.

Tous les individus ne sont pas hypnotisables: certains se laissent hypnotiser totalement, d'autres résistent. On sait que les femmes, riches en imagination, sensibles et impressionnables, répondent mieux à l'induction que les hommes, plus critiques et plus stricts. Les jeunes sont, en général, de bons sujets. L'habileté de l'expérimentateur joue également un rôle dans la réussite de l'expérience: une personnalité captivante et une technique adaptée à chaque cas peuvent vaincre la résistance d'un sujet difficile. Néanmoins, seul un faible pourcentage d'hypnotisés peut entrer dans une transe profonde, alors que 90% des cas s'arrêtent à une forme beaucoup plus légère.

Lorsqu'au XVIIIe siècle, Mesmer hypnotisait ses patients, il croyait qu'il existait une énergie, un "fluide" universellement répandu qui, s'insinuant dans les substances du système nerveux, agirait immédiatement sur lui. Par cette théorie et par son célèbre baquet d'eau magnétisée il a fait connaître une technique déjà pratiquée 4000 ans auparavant par les Égyptiens à des fins thérapeutiques et appelée par Paracelse, en 1500, "magnétisme animal, une espèce d'attraction mystérieuse pouvant expliquer beaucoup de comportements humains."

Aujourd'hui, tout le monde sait que l'hypnose n'est pas un phénomène physique mais une forme de suggestion mentale finalisée, fondée sur l'induction d'un état de transe à différents niveaux de profondeur, au moyen de passes ou de suggestions verbales appropriées.

TESTS DE PROPENSION

Faites-vous partie de cette catégorie très réduite de sujets facilement hypnotisables et capables d'entrer dans un état profond de transe? Fermez les yeux. Demandez à un ami de se mettre debout derrière vous et de poser ses mains au-dessus de vos omoplates, très près du corps mais sans le toucher. Quelques secondes plus tard, il doit commencer à les enlever progressivement. Si vous êtes très sensible à la suggestion, vous allez suivre inconsciemment leur déplacement et tomber lentement à la renverse.

TECHNIQUES D'INDUCTION

Les techniques d'induction, très variées et parfois assez difficiles, font tout le pouvoir de l'hypnotiseur et la terreur de l'hypnotisé. Cependant, au-delà de leur diversité extérieure, ces techniques se ressemblent, car elles captivent l'attention et la volonté consciente du sujet et le conduisent, à travers différentes phases, à une perte progressive de la conscience vigilante, à la libération du fleuve de l'inconscient, avec tous ses secrets et ses pouvoirs.

On peut, par exemple, demander au sujet de fixer un objet lumineux telle la flamme d'une bougie et appuyer l'induction de suggestions verbales. On peut également l'inviter à fixer sa main, en concentrant toute son attention sur les sensations qu'il éprouve. Ensuite l'opérateur essaiera d'associer les sensations du sujet à ses propres paroles, afin que les suggestions et les ordres provoquent des réponses sensorielles et motrices. En incitant le sujet à lever lentement sa main, puis son bras, on l'amène à entrer en transe.

Certains hypnotiseurs obligent leur patient à les fixer dans les yeux, tandis qu'eux fixent la racine de son nez et prononcent des suggestions verbales; d'autres se servent de sons et de mots, qu'ils répètent de façon monotone et continue. La technique la plus adaptée pour l'induction au dédoublement est, en tout cas, la magnétisation par des passes, une sorte d'induction obtenue grâce à l'énergie vitale libérée par le magnétiseur.

Après s'être frotté les mains, l'hypnotiseur devra les passer, en les laissant ouvertes, le long du corps du sujet à hypnotiser, à une distance d'environ 10 centimètres. Le mouvement devra être exécuté des pieds à la tête. Ce faisant, l'énergie subtile est déplacée vers le haut pour induire la transe. Le mouvement contraire partant de la tête jusqu'aux pieds réveille de la catalepsie. Lorsque le but de l'hypnose est l'extériorisation du double, l'opérateur, quelle que soit la technique d'induction utilisée, doit se servir de l'état de conscience de son sujet pour condenser son fantôme et le projeter vers l'extérieur. Le dernier devoir de l'opérateur, avant de réveiller le sujet, consiste à effacer en lui le souvenir de cette suggestion. Pour réveiller une personne en état de transe, il suffit de lui parler; elle se réveillera en comptant: "un,... deux,... trois".

Si vous êtes très sûr de vous et désirez brûler les étapes, vous pouvez également tenter quelques expériences d'autohypnose. Pour ce faire, asseyez-vous devant un miroir et fixez votre image jusqu'au moment où vous ressentirez une très grande fatigue et que vos yeux commenceront à se fermer. Votre corps va devenir plus chaud, plus lourd, votre respiration va ralentir et se régulariser. Répétez alors les formules d'induction, imposez-vous la tâche hypnotique et comptez jusqu'à un certain chiffre qui sera votre "radio-réveil".

L'extériorisation pendant l'état d'hypnose peut être une

bonne solution pour ceux qui ont une peur excessive du dédoublement, anxiété qui risque de porter préjudice, irrémédiablement, à l'expérience.

De plus, cette méthode, qui implique la présence d'un hypnologue et d'éventuels témoins, peut offrir quelques avantages par rapport au dédoublement solitaire et auto-induit, une plus grande dose de crédibilité, par exemple. Dans ce cas aussi, il y a des conditions liées à l'environnement indispensables à rassembler.

• Obscurité: l'expérience à la lumière nécessite, en effet, une quantité d'énergie 25 fois supérieure à celle qui suffit pour produire le même phénomène en pleine obscurité.

• Absence d'humidité dans l'atmosphère qui est extrêmement nuisible au corps astral en raison de son action dissolvante.

• Présence de quelques personnes très proches entre elles et surtout en bonne relation avec l'expérimentateur.

• Chaleur, car le froid possède la caractéristique de paralyser le double.

• Silence absolu: le double, très sensible aux vibrations sonores, se trouve immédiatement repoussé dans le corps physique par l'action perturbatrice du bruit.

TECHNIQUE DE MAGNÉTISATION

Magnétiser le sujet qui doit se dédoubler en se servant des "passes" pour le conduire jusqu'aux septième et huitième degrés de léthargie. On percevra alors de manière distincte la sortie du corps astral par la poitrine ou par la gorge, sous forme d'un nuage ou d'une double colonne de vapeur (bleue à gauche, rougeâtre à droite) de plus en plus condensée et semblable au corps physique, au fur et à mesure que la magnétisation se poursuit. Le double, qui se caractérise par la même forme et le même aspect que le corps matériel, semble alors se dessiner bien à sa gauche ou derrière lui. Toutefois dans cette phase, il est encore un peu maladroit, totalement soumis à la volonté de l'expérimentateur. Le corps physique éprouve des douleurs à la tête, la sensation d'avoir la gorge serrée, jusqu'à ce que sa conscience se transfère entièrement au fantôme, de plus en plus indépendant et qui arrive même à résister parfois à la volonté de l'expérimentateur.

Au fur et à mesure qu'il se condense, le corps astral acquiert une luminosité particulière, surtout dans sa partie supérieure, en correspondance avec la tête. Ses rayons sont à même d'augmenter la luminosité d'une petite flamme et d'illuminer, au bout d'une minute, un écran noir traité avec du sulfure de calcium et exposé pendant quelques instants à la lumière du soleil avant d'être replongé dans l'obscurité. Il est intéressant de remarquer que le fantôme, encore flottant, semble être enveloppé dans une sorte de matière claire, impalpable, et que, lorsqu'il atteint un stade de condensation plus avancé, il correspond au corps physique jusque dans ses vêtements.

On pense, en tout cas, que lors des premiers instants de la magnétisation, c'est le corps éthérique qui se manifeste, prêt à réintégrer immédiatement le corps physique dès que l'astral, qui s'extériorise à son tour, s'en éloigne. Dans le cas inverse, le sujet dédoublé, privé de sa propre force vitale, périrait avant même de pouvoir reprendre conscience.

L'AUTOHYPNOSE

Dans l'autohypnose, les passes sont, bien évidemment, superflues. Ici, tout repose sur la force nerveuse et sur la volonté de l'expérimentateur. Mais, puisque la volonté est endormie par l'état hypnotique, semblable au sommeil magnétique où il se place involontairement, il doit lui suppléer par la mémoire. L'ordre du dédoublement, que vous aurez formulé et répété plusieurs fois pendant que vous êtes encore éveillé, sera réactivé au bon moment au moyen du souvenir mémorisé par l'inconscient. Vous devrez donc déclarer à haute voix: "lorsque je me serai endormi, le corps astral se détendra et abandonnera le corps physique."

Vous vous fixerez aussi un délai: "je rentrerai lorsque je sentirai la corde d'argent se durcir" ou bien "lorsque la pendule sonnera trois coups", etc.. Ainsi, la mono-idéation est-elle activée par l'action mentale du sujet même, parce qu'elle suggère une impression qui, à force d'être répétée, sera réalisée. Elle s'accompagne d'un état passif, réceptif, que l'on obtient justement grâce à un léger état d'autohypnose.

Dans ce but, Lancel suggère que l'on se retire dans un endroit isolé, à l'abri des bruits et des influences extérieures. Abandonné sur le lit, les yeux fermés, hypnotisez-vous légèrement en centrant votre attention sur une pendule ou sur une montre à tic-tac ou encore sur une petite lampe à huile, où auront macéré des fleurs de chanvre. Aucune pensée, aucun souvenir ne doit vous perturber, rien à l'exception de l'objet sur lequel vous êtes concentré et auquel vous êtes en train de vous identifier. Glissant dans un état de torpeur agréable, à mi-chemin entre la rêverie et le sommeil, formulez les paroles d'autosuggestion que nous venons d'indiquer. La fumée provenant d'un bâtonnet d'encens s'avère particulièrement favorable, surtout pour cette technique.

Les preuves

Trop souvent la mode, la fausse suggestion, le plaisir de se bercer dans un rêve que l'on aimerait voir se transformer en réalité, poussent à prendre des vessies pour des lanternes, autrement dit à confondre les rêveries avec les dédoublements. Cela arrive en particulier dans certains milieux occultes où, malheureusement, se glissent des vantards et des fanfarons au milieu des chercheurs. On y entend dire d'un ton mondain mal dissimulé "je me suis rendu à Venise en astral", "je me suis trouvé de nouveau au plafond" ou bien "au cours d'un de mes dédoublements habituels...", comme si le fait de se dédoubler était aussi facile que de se rendre au supermarché du quartier. Ne déniez pas catégoriquement toute capacité à ces individus, mais n'acceptez pas non plus tout ce qu'ils affirment pour vanter leur spiritualité cultivée. Mettez-les tout simplement à l'épreuve. Invitez-les, en souriant, à venir vous voir à l'heure J, dans votre chambre, avec leur corps astral, bien entendu! Priez-les de jeter par terre cet objet léger que vous poserez sur le bord de la table ou de lire la page d'un livre que vous aurez ouvert au hasard, avant de vous coucher, exprès pour eux. Si, à l'inverse, l'expérimentateur n'est autre que vous-même... faites, malgré tout, des vérifications avec encore plus de lucidité et de rigueur.

Le dédoublement est un phénomène de nature mi-physique mi-surnaturelle qui, de toute manière, peut et doit être vérifié. Le fait de se manifester devant les yeux de quelqu'un, d'agir sur la matière à distance ou de rapporter des informations, des chiffres, des mots, perçus loin du corps physique peuvent être des preuves. Il est sûrement plus stimulant de savoir que l'on a échoué plutôt que de continuer à se prélasser dans l'illusion. On peut toujours essayer, encore et encore, en attendant ce moment de satisfaction où la preuve irréfutable est faite que l'on suit le bon chemin.

Un dernier conseil: apprenez à tenir votre carnet de bord, comme le faisaient les vaillants capitaines d'autrefois. Notez la date, les effets, les sensations, la durée, les conditions environnementales et le résultat de chaque expérience. Le meilleur maître, la meilleure indication du chemin parcouru est la comparaison entre les différentes expériences vécues, espacées entre elles par un arbitre impartial: le temps.

Croyances, suggestions et techniques de tous temps et de tous lieux

La pratique du dédoublement, comme d'ailleurs la quasi-totalité de la structure doctrinale de l'ésotérisme, plonge ses racines en Orient, le long des fleuves sacrés de l'Inde et sur les montagnes du Tibet. Ici, en Occident, elle constitue l'un des pouvoirs magiques, les *siddhi*, obtenu par le praticien du yoga à travers l'éveil de l'énergie subtile *Kundalinî*, le long de l'axe des sept *chakra* (centres subtils) préposés à ces facultés merveilleuses. La projection astrale est liée en particulier au réveil du centre ombilical *Manipûra* et au centre cardiaque *Anâhata*, que l'on obtient par la pratique de certaines postures de yoga, ainsi que par la répétition de syllabes magiques et la concentration sur des symboles graphiques ésotériques.

Le concept du corps astral est courant dans presque toutes les cultures du présent et surtout du passé, dans les grandes civilisations historiques ainsi que parmi les hommes dits “primitifs”. Les Polynésiens racontent par exemple, qu'au moment de la mort, l'âme sort du corps et est absorbée par le cosmos. Une vapeur dense se libère alors de la bouche, augmentant de volume et imitant de manière de plus en plus nette les traits du mourant. Quand le corps physique est devenu inerte, la corde d'argent qui le relie au corps astral se brise et l'âme s'échappe, libre, dans l'espace.

À Tahiti aussi, on évoque une substance sortant du cadavre, qui tend à se condenser au-dessus de celui-ci, mais qui reste encore liée par une sorte de "corde".

Les taoïstes affirment que la lumière de l'univers, concentrée dans le corps physique, peut être, grâce à des techniques particulières, projetée et matérialisée. Raffinés comme ils l'étaient, les Égyptiens nous ont transmis, à travers le *Livre des Morts* un traité complet sur la constitution humaine, les pratiques funèbres, les événements et les dangers de l'au-delà, les systèmes de protection permettant de les éviter. Ils distinguaient parmi les différentes composantes de l'homme le *Khat* (corps physique), le *Ka* ou le double, réplique fluidique du physique, le *Ba* ou âme, souvent représentée par un oiseau, le *Khu*, l'esprit.

Partant du concept selon lequel le *Ka* aurait survécu jusqu'après la décomposition du corps physique, ils introduisirent dans leurs pratiques l'embaumement du cadavre de manière à assurer au *Ka* une existence presque éternelle, confinée dans le tombeau et immergée dans une sorte de rêve. Aucun organe ne pouvait être retiré; cependant le cerveau et les entrailles, préalablement extraits et traités, devaient être placés dans des pots spéciaux à côté de la momie. Le *Ka* était nourri, de génération en génération, avec une substance éthérique obtenue par la combustion d'offrandes alimentaires rituelles ou par l'emploi d'essences et de parfums très intenses. Les Juifs croyaient, eux aussi, à une sorte de double qu'ils appelaient *Nefesh* et qu'ils distinguaient de l'âme, *Ruach*. Nous trouvons une réplique de cette croyance dans l'*Évangile*, lorsque Pierre, libéré de prison, est pris par les Apôtres pour son "Ange".

La mythologie germanique appelle le double “Doppelgänger”. De plus, il est intéressant de noter que les traditions populaires (dont les anciennes croyances, héritages de religions préexistantes et condamnées, ont été renversées) attribuent au concept du double une signification extrêmement négative. Le double est devenu au fil des siècles l’ombre, l’image diabolique, illusoire, réfléchie dans le miroir, le côté ténébreux de la personnalité, le cruel Mister Hyde qui tourmente, puis anéantit le docteur Jekyll que chaque homme cache en lui.

En outre, son apparition est souvent perçue comme une prémonition de mort et de disgrâce: il semble que cela soit arrivé à Élisabeth I et à Catherine la Grande, toutes deux mortes peu après avoir vu l’apparition de leur propre double, et au poète Shelley, dont l’image astrale indiquait d’une main la mer où il se noya effectivement quelques temps après. Mais c’est surtout l’Inde, la terre mystérieuse et fascinante des yogi et des Thugs, terre de grandeur et de misère, berceau d’une culture qui prend pour objet de réflexion philosophique les centres et les énergies subtils, d’innombrables corps immatériaux et un nombre tout aussi infini de pouvoirs miraculeux. Ici, le dédoublement est une conséquence sans importance aucune pour le praticien du yoga, un jeu presque fakirique pour l’ascète capable de se dédoubler en restant enterré vivant, même pendant des semaines entières, voire des mois.

TECHNIQUES DE DÉDOUBLEMENT LIÉES AU YOGA

Parmi les étonnants pouvoirs (les *siddhi*) acquis par le *saddhu* au bout d’une pratique du yoga longue et constante, il y en a deux qui prouvent la validité du chemin yogique dans l’apprentissage de l’art de se dédoubler:

— *prapti*, c'est-à-dire le fait de se déplacer dans l'espace et dans le temps;
— *laghima*, ou ne plus avoir de poids et acquérir une très grande vitesse.

Les *siddhi* représentent, bien entendu, le dernier degré d'un long programme, mais non pas le but désiré par le pratiquant qui n'aspire qu'à l'identification du Moi individuel avec le Tout. À travers un contrôle progressif des pensées, des actions, des désirs et une maîtrise graduelle de la respiration, des sens et de chaque zone du corps, en se servant de pratiques physiques (postures et gestes, contractions, systèmes particuliers de respiration et de nettoyage) et mentales (concentration, méditation, récitation de syllabes rituelles), le yogi parvient au réveil de l'énergie subtile, *Kundalinî*. Celle-ci, en vivifiant tous les *chakra*, lui confère ses pouvoirs magiques, subtils. Toutefois, il suffit d'avoir un peu de bon sens pour comprendre que les *siddhi*, véritables preuves de la maîtrise des lois physiques gouvernant l'univers, ne s'obtiennent pas en quelques heures.

Un yogi peut même consacrer toute son existence à cet entraînement sans réussir à en maîtriser aucune. En tout cas, un exercice constant, même si ce n'est qu'une demi-heure par jour, surtout si son but est le dédoublement, soutenu par des techniques proposées, peut se révéler vraiment précieux. A. Powell, l'un des représentants de la théosophie, identifie le *chakra Manipûra* avec le centre splénique qui semblerait vitaliser le corps astral et lui conférer le pouvoir de se départir du corps physique, celui-ci gardant conscience et souvenir de son expérience.

En développant cette fonction, on maîtriserait le dernier des centres subtils, le *Sahsram*, qui donne la faculté de quitter le corps physique et d'y retourner à son gré. En revanche, A. Danielov attribue ce pouvoir au *chakra* cardiaque *Anâ-*

Figure 5

Anâhata chakra

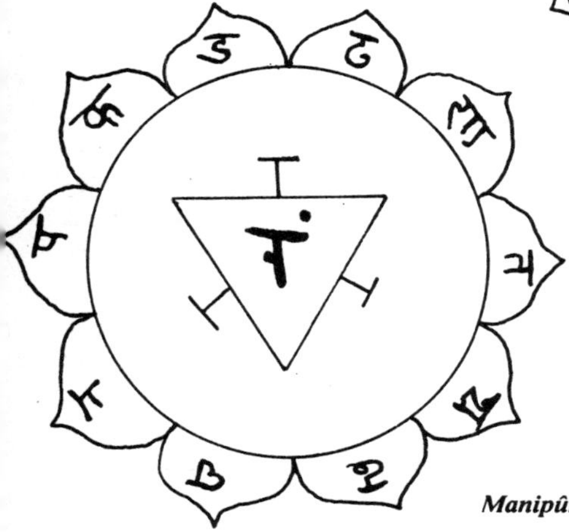

Manipûra chakra

hata. La concentration sur la représentation graphique de ces centres (*yantra*), la répétition de leur syllabe spirituelle (*bija* ou grain), l'exécution de postures particulières (*âsana*) aptes à les vitaliser, deviendraient ainsi les instruments clés pour l'acquisition de la capacité de s'extérioriser (voir l'illustration n° 5).

Dans la liste des 84 postures fondamentales du yoga, Danielov attribue à la "grenouille soulevée" (*Ardha Mandukâ-*

sana) la faculté de permettre à l'adepte l'accès à d'autres mondes. À cet *âsana*, dit royal, s'en ajoutent d'autres, conseillées pour leur action régénératrice sur les *chakra* correspondant à la faculté de se dédoubler. La technique ayant pour but le dédoublement préconise l'usage d'un habit blanc ou noir ainsi que l'encens et le soufre comme parfums magiques à brûler.

LES ÂSANA

• L'*âsana* royal pour le dédoublement: *Mandukâsana*, posture de la grenouille soulevée (illustration n° 6). Exécution: couchez-vous sur le ventre, le visage contre le sol et les bras tendus vers l'arrière. En expirant, pliez vos genoux et amenez les chevilles vers les hanches; attrapez la plante du pied droit avec la main droite, et celle du pied gauche avec la main gauche. Gardez cette posture pendant deux cycles respiratoires, puis, en expirant de nouveau, soulevez le buste et la tête en regardant vers le haut. À présent, tournez vos mains de manière à ce que la paume touche la partie supérieure du pied et que les doigts des mains

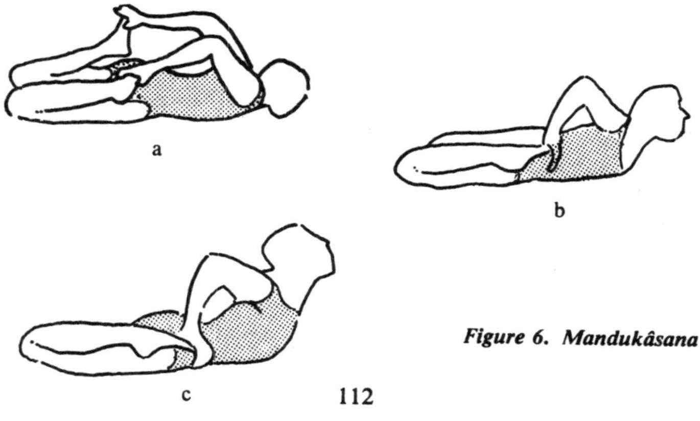

Figure 6. Mandukâsana

et des pieds soient tournés en avant. Puis poussez les chevilles vers le sol. Gardez vos bras perpendiculaires au sol à partir des poignets jusqu'aux coudes. Cette position peut être maintenue entre 15 et 30 secondes. Pour reprendre la position couchée, retirez vos mains et allongez les jambes. D'autres âsana ont une action sur les centres subtils du dédoublement.

• *Salabhâsana*, posture de la sauterelle (illustration n° 7).

Contre-indications: grossissement de la rate et forte arthrose cervicale.

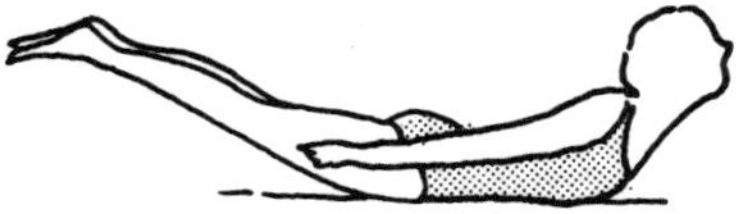

Figure 7. Salabhâsana

Exécution: couchez-vous par terre sur le ventre, les bras le long du corps. Expirez et soulevez en même temps, autant que possible, la tête, la poitrine, et les jambes en maintenant les bras vers l'arrière. Contractez les fesses et les muscles des jambes; ces dernières doivent être tendues et jointes.

Chakra intéressés: *Manipûra*, *Svâdhisthâna*, *Anâhata*.

• *Dhanurâsana*, posture de l'arc (illustration n° 8).

Figure 8. Dhanurâsana

Contre-indications: discopathies, hernies, grossissement du foie et de la rate.

Exécution: couchez-vous à plat ventre, les bras le long du corps. Pliez les genoux tout en expirant et tendez les bras en arrière pour attraper la cheville droite avec la main droite et la cheville gauche avec la gauche. En inspirant, donnez à votre corps la forme d'un arc en attirant les pieds vers la tête tout en soulevant la tête et les épaules. Effectuez quelques cycles respiratoires avec rétention du souffle à poumons pleins, puis relaxez-vous sans lâcher vos chevilles. À la fin, libérez les chevilles et revenez à la position de départ avec une expiration.

Chakra intéressés: *Manipûra* et *Anâhata*.

• *Padangusthâsana*, posture de la prise des gros orteils (illustration n° 9).

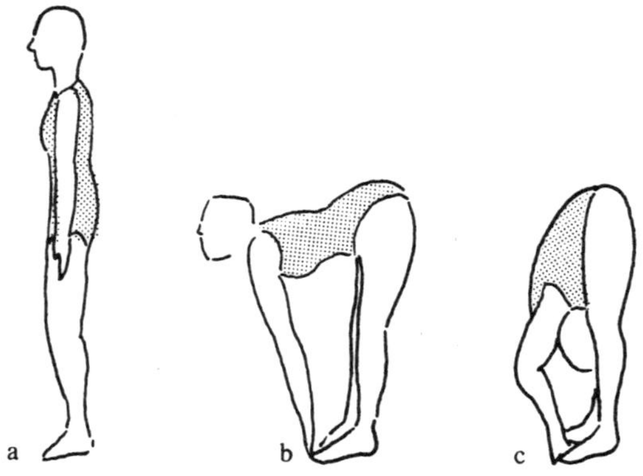

Figure 9. Padangusthâsana

Exécution: debout, fléchissez le buste en avant en expirant et serrez vos gros orteils avec le pouce, l'index, le majeur. Faites bien attention à garder les jambes tendues. Soulevez la tête et pliez le dos en maintenant cette position pendant quelques cycles respiratoires. Ensuite, par une expiration, portez votre front contre vos genoux. Restez dans cette position finale pendant au moins 30 secondes.

- *Ustrâsana*, posture du chameau (illustration n° 10).

Contre-indications: arthrose lombaire.

Figure 10. Ustrâsana

Exécution: partant de la position à genoux, les jambes jointes, asseyez-vous sur les talons et attrapez la plante de vos pieds. En inspirant, repoussez l'abdomen vers l'extérieur et cambrez le dos en allongeant la tête en arrière. La posture une fois atteinte, les cuisses devront se trouver perpendiculaires au sol et les bras allongés parallèlement à elles. Gardez cette position pendant 30 secondes en expirant profondément.

Chakra intéressés: *Anâhata*, *Manipûra*, *Svâdhisthâna*.

• *Parsvottanâsana*, posture de l'étirement de la hanche (illustration n° 11).

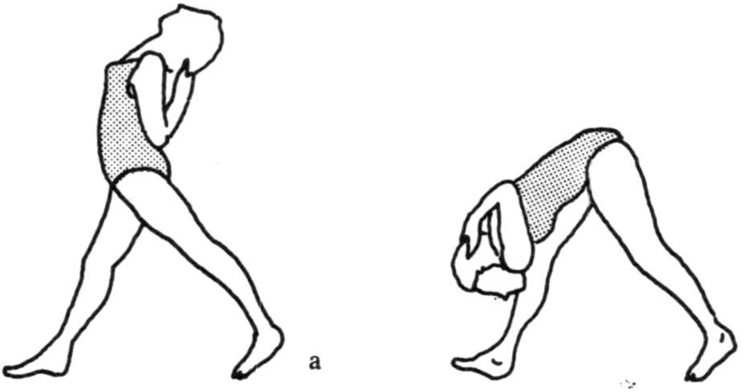

a b

Figure 11. Parsvottanâsana

Exécution: partant de la position debout, les jambes écartées, joignez les mains derrière les épaules en inspirant (doigts vers le haut, bien tendus, auriculaire en contact avec la colonne). Inspirez, puis expirez, tournez le buste vers la droite, puis en même temps, le pied droit d'environ 90° et le pied gauche d'environ 80° dans la même direction. Ensuite, pliez le buste en avant, en expirant, jusqu'à ce que votre menton touche votre jambe droite, au-dessous du genou. Gardez cette posture pendant environ 30 secondes, puis reprenez la position de départ, avec une inspiration.

Chakra intéressés: *Manipûra*, *Anâhata*.

• *Halâsana*, posture de la charrue (illustration n° 12).

Exécution: partant d'une position couchée sur le dos,

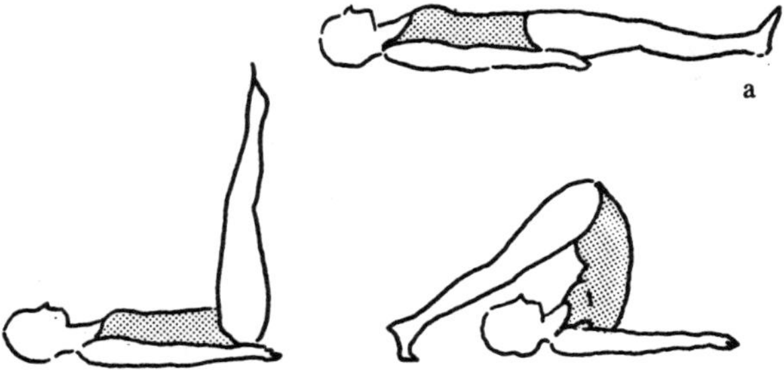
a

b

c

Figure 12. Halâsana

les bras tendus le long du corps, soulevez lentement les jambes droites et jointes, en expirant; puis faites-les passer au-dessus de votre tête jusqu'à ce que la pointe des pieds touche le sol. La position des bras peut varier: on peut les maintenir en contact avec le sol pendant toute la durée de l'exercice ou bien, une fois les pieds touchant terre, on peut les soulever et croiser les mains sous la nuque. Maintenez cette pose pendant au moins 30 secondes, puis revenez à la position couchée en expirant.

Chakra intéressés: *Anâhata*, *Manipûra*, *Vishudda*.

• *Karnapidâsana*, posture de la douleur des oreilles (illustration n° 13).

Exécution: partant de la position de *Halâsana*, abaissez les genoux vers le sol, en expirant, de manière à ce qu'ils pressent les oreilles. Les talons seront maintenus unis, les bras comme dans la posture *Halâsana*. Restez dans cette position pendant au moins une minute.

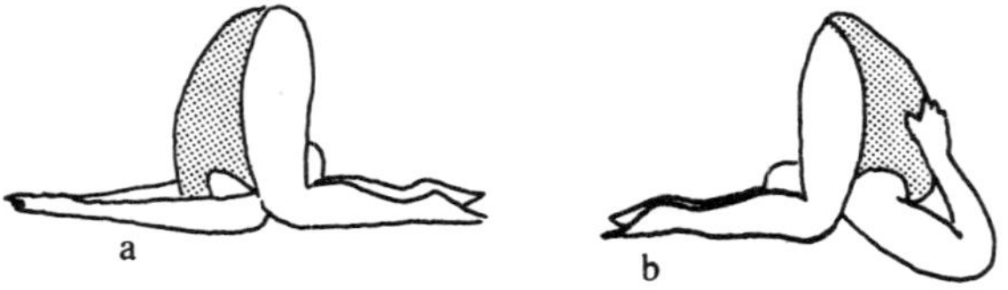

a b

Figure 13. Karnapidâsana

Chakra intéressés: *Anâhata*, *Vishudda*, *Manipûra*.

• *Utkatâsana*, posture puissante (illustration n° 14).

Exécution: debout, les jambes jointes, soulevez vos bras tendus au-dessus de la tête en joignant les paumes. Puis, en expirant, pliez les genoux comme si vous deviez vous asseoir jusqu'à ce que vos cuisses soient presque parallèles au sol. Les bras et le buste devront être maintenus parfaitement tendus, les plantes des pieds entièrement en contact avec le sol. Maintenez cette position pendant environ dix cycles respiratoires.

Chakra intéressés: *Manipûra*, *Anâhata*, *Vishudda*.

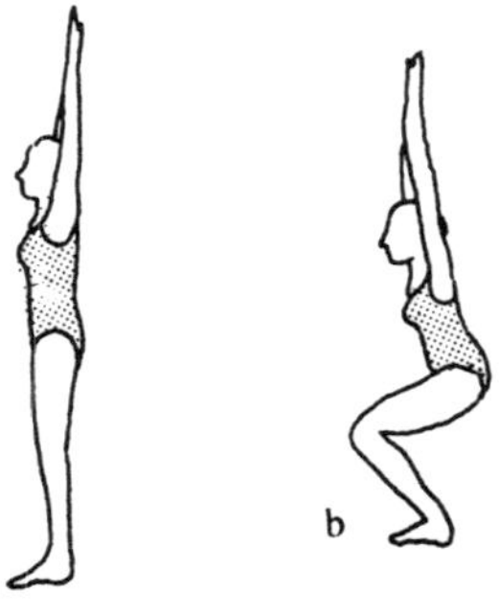

a b

Figure 14. Utkatâsana

• *Uttanâsana*, posture de l'étirement (illustration n° 15).

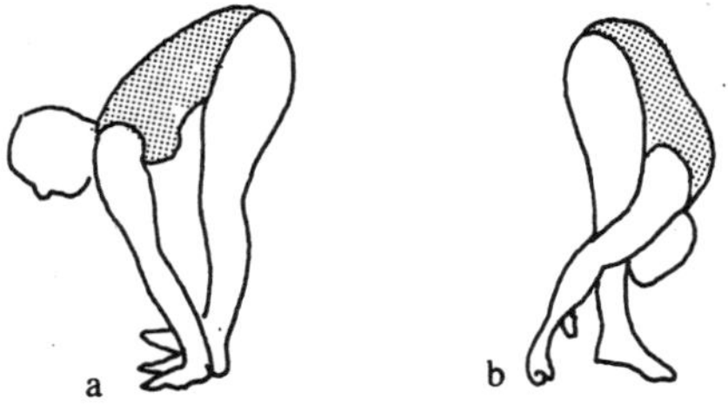

Figure 15. Uttanâsana

Exécution: partant de la position debout, les jambes jointes et tendues, penchez-vous en avant en expirant et posez les mains au sol, à côté des talons. Essayez de garder la tête haute et de ne pas cambrer le dos. Maintenez cette position pendant quelques respirations puis, en expirant, augmentez la flexion en pliant l'échine et posant la tête contre les jambes. Maintenez cette pose pendant environ 2 minutes, puis reprenez celle de départ en inspirant, d'abord en soulevant la tête (les mains toujours au sol) puis, lentement, le buste et les bras.

Chakra intéressés: *Ajnâ*, *Vishudda*, *Anâhata*, *Manipûra* et *Svâdhisthâna*.

• *Salamba Sarvangâsana*, posture de tout le corps (illustration n° 16).

Contre-indications: hypertension grave ou hyperthyroïdisme.

Exécution: couché, les paumes contre le sol, expirez et ramenez vos cuisses contre le ventre, soulevez le bassin et

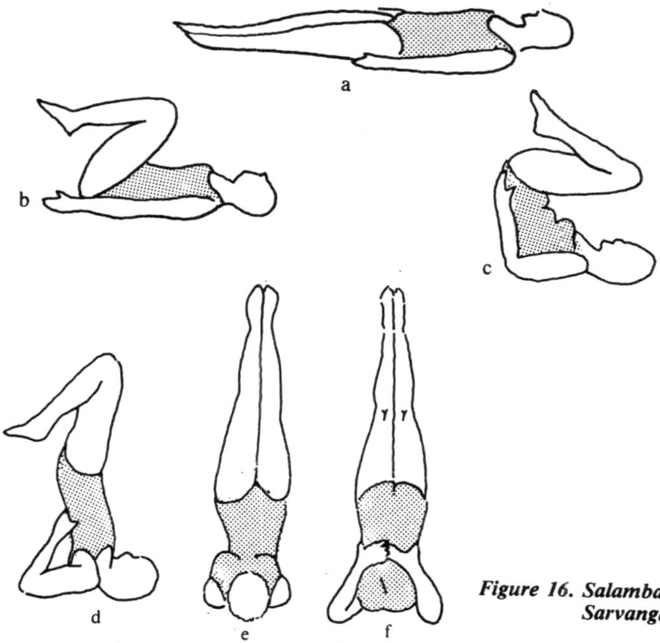

Figure 16. Salamba Sarvangâsana

soutenez vos reins à l'aide des mains, en vous appuyant sur les coudes. Inspirez puis, après avoir expiré, redressez votre buste à la verticale du sol, en amenant la poitrine contre le menton. Le poids du corps doit peser seulement sur la nuque, les épaules et les avant-bras. Redressez vos jambes en expirant encore une fois. Tendez la pointe des pieds vers le haut. Gardez cette posture pendant au moins une minute au début, par la suite vous augmenterez ce temps graduellement. Expirez, baissez les jambes et le bassin, puis revenez au sol.

Chakra intéressés: tous.

• *Sirsâsana*, posture sur la tête (illustration n° 17).

Contre-indications: inflammations affectant toute partie du crâne, ou graves troubles de la tension, glaucomes, risque de décollement de la rétine, anévrismes, arthrose cervicale marquée.

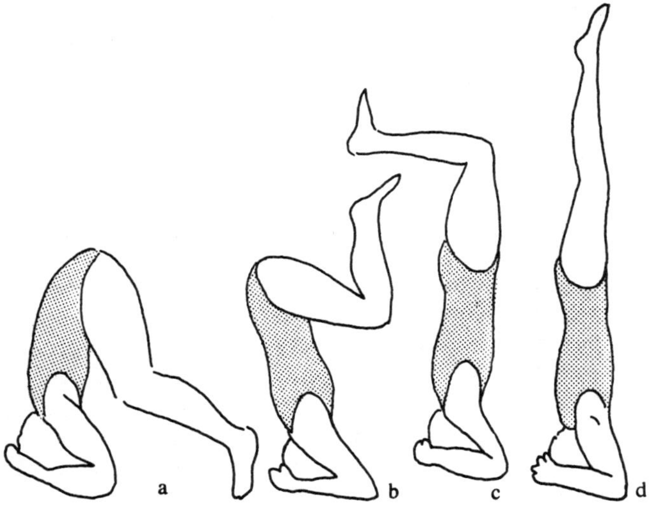

Figure 17. Sirsâsana

Exécution: il est recommandé, du moins au stade initial, de pratiquer cet exercice dans le coin non meublé d'une pièce. Étendez par terre une couverture pliée et mettez-vous y à genoux. Croisez vos doigts en forme de coupe, posez-les sur la couverture. Placez la tête dans le creux de vos mains en soulevant le bassin, tandis que vos avant-bras forment un angle de 60° avec la nuque.

Approchez vos pieds à la tête, petit à petit, continuez de soulever le bassin en poussant légèrement avec la pointe des pieds. Expirez, remontez vos jambes, en gardant les genoux fléchis. Pendant que vous soulèverez votre corps, votre esprit sera concentré sur la région du nombril. Ce n'est qu'après avoir acquis un équilibre sûr dans cette position que vous pourrez redresser les jambes lentement, en amenant les pieds vers le haut. Gardez cette pose pendant 1 à 5 minutes, puis redescendez lentement, en restant agenouillé, tête appuyée sur le sol durant dix cycles respiratoires, en pressant vos globes oculaires à l'aide de vos pouces. Si, au cours de l'exercice, vous percevez des sifflements, des bourdonnements ou ressentez des vertiges, arrêtez pendant quelques jours.

Chakra intéressés: tous, particulièrement le *Sahasrâra*.

Pendant l'exécution des *âsana*, le praticien devra apprendre à s'écouter. Il percevra alors le flux de son sang, le battement du cœur, la lenteur régulière de son souffle. Le ralentissement volontaire du rythme du cœur, que l'on obtient au moyen d'une relaxation parfaite et d'une respiration contrôlée, représente déjà en soi une bonne moitié du secret du dédoublement. Le cœur et les poumons, si négligés par la vie chaotique que mènent les Occidentaux, sont en fait les organes les plus directement liés à la constitution du corps astral et à son détachement volontaire.

LE MANTRA DU NOM

Le poète Tennyson raconte avoir vécu plusieurs fois l'expérience du dédoublement au moyen d'un système assez insolite et apparemment insensé: la répétition monocorde et continue de son nom. Cependant, en tâchant de dépasser légèrement sa première impression, on arrive à considérer la chose sous un angle tout à fait différent. Une école yogique particulière, le *mantra yoga*, recherche le chemin de la délivrance à travers la répétition rythmique de certaines formules hermétiques: les *mantra*.

Chacun de ces *mantra* aboutit à un résultat particulier: guérison de maladies, développement d'un *chakra* déterminé, acquisition de certains pouvoirs. Les liens entre le *mantra*, la formule magique occidentale et la prière sont très étroits: ces deux dernières sont aussi basées sur le pouvoir secret du son. La parole est puissance. Le son est magie. Les *mantra* se composent de syllabes symboliques, mises ensemble selon les lois du *Mantra Shastra*, un ancien texte sanskrit. Étant donné qu'ils sont étroitement liés à l'initiation et à la condition personnelle de l'utilisateur, ils sont généralement choisis ou adoptés sur mesure par un Maître.

Il existe cependant un *mantra* personnel, parfaitement adapté à chaque individu, par qui celui-ci a été influencé depuis sa naissance et qui représente son essence même sur le plan spirituel et ésotérique. Ce *mantra* est son nom.

Dans chaque nom de personne ou de chose se cache un mythe, une histoire, une signification perdue, qui sont réactualisés chaque fois que ce nom est prononcé. Même les lettres, les syllabes qui le composent, expriment, par une vibration différente, des exigences et des sentiments différents.

Le A est l'émerveillement, le soulagement, la vie; le E correspond à la défense, à l'opposition; le I suscite l'idée immédiate de l'affirmation de soi; le O est associé au cercle, à l'embrassement. Le U nous parle de froid, de dépression et de la fuite de soi-même.

Ainsi le L liquide s'assimile-t-il à l'Eau, le R roulant à

l'Air; le S, le Z, le V et le F sifflantes, au Feu; tandis que les T et D, dures, dentales, les K, C, G, gutturales (auxquelles s'ajoutent les P, B, M, N, moelleuses, mais solides), s'assimilent à la Terre. Les quatre éléments qui constituent l'univers sont contenus dans les quelques lettres composant un nom; et ce nom, simple poignée de syllabes, se dilate jusqu'à contenir l'univers tout entier. En répétant rythmiquement son propre nom, comme s'il s'agissait d'un *mantra*, on se détache de soi-même petit à petit et l'on se reconnaît, non sans quelque stupéfaction amusée, une individualité presque étrangère. "Tiens, c'est moi!", pense-t-on, comme si on ne l'avait jamais su. Et le premier pas vers l'extériorisation de la conscience, antichambre du dédoublement, est déjà bel et bien fait.

Dangers et systèmes de protection

Comme on peut le prévoir, des dangers d'ordres matériel et surnaturel menacent l'intégrité de l'individu dédoublé. Cependant, même le dédoublement possède ses propres systèmes de protection (matériels ou éthérés) qui veillent sur la sécurité du corps physique et protègent le corps astral des influences subtiles et négatives.

Cela semble presque un jeu de mot, mais le dédoublement n'est pas fait pour "ceux qui ont peur de leur ombre"; il s'agit sans doute d'une expérience capable de marquer un individu de manière indélébile et qui, si elle apporte un impressionnant bagage de connaissances nouvelles, de sensations, de possibilités, met aussi en présence d'un certain nombre de facteurs dangereux qu'il ne faut pas sous-estimer.

Il existe d'une part des dangers d'ordre physique et mental, tels des problèmes cardio-circulatoires et nerveux (nausées, tachycardie, vertiges, traumatismes, dépressions, idées fixes, paralysies temporaires, catalepsie), dus au choc émotionnel et à l'effort excessif auquel le cœur a été soumis (mais auxquels on peut remédier par un long entraînement, avec l'éventuel support de pratiques yogiques) et, d'autre part, de gros risques de nature plus subtile. Le corps physique, tout en restant abandonné sur son lit, est sujet à toutes sortes de traumatismes et de blessures, en raison du phénomène de la répercussion. En effet, il a été prouvé par des expériences que toute action exercée sur le double (pincement, brûlure) se reporte sur le corps physique pourtant intouché matériellement. Le double maladroit et désorienté surtout au début, peut provoquer d'innombrables dommages, causés par lui-même ou par d'autres entités, qui se répercutent sur le corps physique pendant plusieurs jours, voire indéfiniment. D'ailleurs, il ne faut pas écarter la possibilité que quelqu'un qui n'a pas été prévenu de l'expérience, croyant le double une véritable entité physique intruse, s'effraye et réagisse violemment et provoque ainsi des dommages irréversibles au corps matériel endormi à quelques kilomètres de distance.

Le corps physique d'un individu extériorisé est quelque chose de semblable à une marionnette dépourvue de sensibilité et d'intelligence, un résidu d'existence mécanique, purement matérielle, qui ne peut être définie comme une vie, mais seulement comme une "non-mort". Des cas extrêmes de dédoublement prolongé et involontaire ont mené, surtout dans le passé, à ces terrifiants enterrements prématurés perpétrés alors que l'on avait diagnostiqué la mort. Il faudra donc protéger très soigneusement son corps matériel, ce précieux véhicule qui nous permet d'effectuer une expérience fort utile sur cette terre. Pendant notre "absence", il faut le confier à l'attention des personnes qui nous sont chères, qui le défendraient contre toute intrusion ou danger, en le protégeant, le cas échéant, de tout diagnostic erroné et catastrophique.

Naturellement, la plupart du temps ces précautions sont presque exagérées, car le corps astral réintègre, en général, immédiatement le corps physique si ce dernier est en danger, ou s'il perçoit un bruit insolite, une présence étrangère.

Les facteurs les plus redoutables ne se situent pas dans la dimension matérielle. Des phénomènes de nature électrique, la foudre, les explosions, s'avèrent particulièrement dangereux pour l'aura ou pour l'intégrité de la corde d'argent; des entités habitant les autres niveaux (larves, ombres, enveloppes vides, élémentaux, gardiens des seuils[1]) peuvent, mieux que toute autre chose, traumatiser ou endommager le double en réduisant ses énergies ou en contrariant ses déplacements. Il semble que ce soit les larves et les enveloppes, les cadavres astraux qui ne se sont pas encore résignés à leur détachement du monde physique, qui constituent le plus grand danger pour l'individu dédoublé.

Ils n'ont pas la faculté de briser définitivement la corde d'argent pour s'installer dans le corps physique à la place de son propriétaire légitime, mais peuvent parfois y coexister en même temps que le corps astral. Ils y produisent des phénomènes de possession ou de schizophrénie, ou bien entravent la réintégration du corps astral, lui suçant ses énergies en laissant l'expérimentateur épuisé, comme s'il était vidé de sa substance. N'importe quel "spécialiste" du paranormal, le spirite comme le magicien, le contactiste, le voyageur de l'astral, peut se trouver tôt ou tard aux prises avec des entités contrariantes ou avec des forces perturbatrices.

Heureusement, à toute attaque répond une défense et, là non plus, les systèmes de protection ne font pas défaut: le parfum de l'encens, une cuvette d'eau, un cercle de soleil tracé tout autour du lit de l'expérimentateur fonctionnent en tant que défenseurs "physiques"; des cocons et des enveloppes protectrices éthériques, en tant que gardes du corps subtil.

[1]Pour les néophytes, ces termes de larves, ombres, enveloppes vides, élémentaux, gardiens des seuils, peuvent ne rien évoquer. Nous avons repris dans le glossaire en fin d'ouvrage les significations traditionnelles qu'en donne l'occultisme.

Expliquons mieux cela: la pensée, tout comme la matière, est énergie. Cette énergie renferme tout le potentiel créatif. Lorsque nous pensons, nous donnons la vie — dans les niveaux subtils — à une forme matérielle dont la durée dans le temps varie en fonction de l'intensité de notre pensée.

Donc, la pensée et la matière à travers les phases successives d'astral, éthérique et de physique, sont au fond la même chose: de l'énergie pure à un état "vibrationnel" différent. Des atomes du niveau astral légers, très mobiles, distants, on passe progressivement à des structures plus lourdes et stables, jusqu'à parvenir à la cohésion solide de la matière physique. Pensez intensément à quelque chose, maintenez cette idée vivante, créez-vous mentalement des défenses occultes pour profiter d'une véritable protection des corps subtils et du physique.

• Avant de vous dédoubler, construisez tout autour de vous, par la force de votre pensée, un cocon de protection. Vous allez le tisser d'un fil d'or que vous visualiserez pendant qu'il sort de la racine de votre nez et qui vous enveloppera de tous côtés. Ne laissez libre qu'un seul trou, en correspondance avec vos pieds, à travers lequel le corps astral pourra se glisser pour sortir du physique. La corde d'argent qui fait fonction d'intermédiaire entre les deux corps constituera le bouchon naturel de votre construction mentale, capable de vous rendre inaccessible aux vibrations des autres et à toute présence perturbatrice. Protégé par ce cocon, vous pourrez alors vous éloigner à votre gré et pénétrer la matière sans subir de traumatismes.

• Créez-vous une enveloppe de matière éthérique, comme une boule bleue; ou bien densifiez, toujours avec la force de la pensée, les parois de votre aura. N'oubliez pas que cette enveloppe, si d'une part elle barre l'entrée aux forces négatives, empêche aussi d'autre part le rechargement de l'énergie cosmique, capitale pour le corps astral.

• Cherchez-vous un ami, parmi les innombrables entités que vous pourrez rencontrer dans le niveau astral, un ange gardien qui se chargera de vous guider dans cette dimension inconnue, en vous protégeant contre les éléments gênants. En tout cas, suivant la loi de la similitude qui imprègne l'univers entier, selon laquelle le semblable attire son semblable, les entités les plus basses et dangereuses ont tendance à se rapprocher d'êtres de même nature. Un effort d'élévation spirituelle et un système de vie mené sous l'égide de la sagesse seront déjà suffisants pour vous sauvegarder de ces rencontres fort désagréables.

Caractéristiques du sujet en astral

À travers les témoignages rapportés par des centaines de personnes qui ont expérimenté le dédoublement, on parvient à une synthèse, à une définition assez précise de certains caractères clés du dédoublement: ce que l'on prouve à l'instant même de son extériorisation, ce que l'on voit, que l'on entend, que l'on touche en astral, la manière dont on bouge, où l'on va, qui l'on rencontre. Toutefois, il faut conserver une extrême prudence vis-à-vis de la suggestion, si facile lorsqu'il s'agit de sujets occultes et qu'elle est sollicitée par les expériences fascinantes des autres.

Cet aspect de la recherche pourrait être défini comme une sorte de patchwork, un tissu composé de différents morceaux de toile, cousus tous ensemble par un seul fil. L'intervention précieuse de la statistique a contribué, en effet, grâce aux expériences de centaines d'individus, recueillies et réparties selon des schémas logiques, à fournir une idée générale du dédoublement et de ses effets. L'expérience individuelle ne suffirait pas en elle-même à dessiner un tableau complet, compte tenu du fait que les barrières de l'oubli et le risque de la suggestion contribuent souvent à compliquer cette situation déjà complexe. Ce n'est qu'à travers les témoignages de plusieurs personnes qui ont tous une correspondance et s'expliquent réciproquement, que l'on a pu réussir à donner une définition assez précise de certains caractères clés du dédoublement: symptômes physiques de la projection, mouvement, vitesse, sens de l'astral, buts, rencontres, réactions. La possibilité de comparer sa propre expérience avec celles des autres peut avoir la double fonction de contrôler la réalité des faits et de susciter le désir d'essayer (ou de tenter de nouveau l'expérience).

Faites surtout attention au grand danger de la suggestion, toujours vigilante lorsqu'il s'agit de sujets occultes et si puissante qu'elle peut parfois nous faire croire que nous avons vécu personnellement les expériences des autres.

LES SYMPTÔMES DU DÉDOUBLEMENT

Le moment de la sortie, comme celui de la rentrée dans le corps physique, est souvent sujet à une sorte d'interruption provisoire de la conscience. C'est ainsi que bien souvent un grand nombre de personnes ne se souviennent pas du moment où elles ont abandonné leur corps physique. Elles affirment alors s'être trouvées à l'improviste en dehors de leur corps, à quelques mètres de distance sans savoir s'expliquer comment cela a bien pu arriver.

En revanche, lorsque le flux de la conscience n'est pas interrompu à l'instant de l'extériorisation, le sujet affirme avoir perçu une sensation de vide à la tête et au creux de l'estomac, ainsi qu'une douleur, une torpeur, un frissonnement ou une très vive chaleur. De plus, une vibration intense à la nuque, une sorte de courant électrique traversant le corps, un vertige impressionnant suivi d'une série de tressaillements. Le tout noyé dans une impression finale de flottement, de légèreté, de vol ou bien d'extrême lourdeur, de chute le long d'un tunnel noir, à travers un seuil à franchir, chute accompagnée de grondements, de sifflements, de bruits assourdissants semblables à ceux produits par un avion qui décolle.

La description mentionne encore des essoufflements, une sensation de chatouillement au visage, la difficulté de tourner la tête de côté, une impression d'étouffement immédiatement surmontée et enfin de paralysie pouvant persister quelques minutes après la rentrée dans le corps physique.

Durant la projection astrale, le corps physique ressemble presque à un cadavre, avec une rigidité, une pâleur et un abaissement de la température du corps tel que l'on peut croire, dans des cas extrêmes, à une véritable mort. La respiration et le battement du cœur sont très lents, la chute de la pression du sang et un état semblable à celui de l'hibernation complètent ce tableau.

Soumis à l'examen de l'encéphalogramme, consistant à mesurer son activité cérébrale composée d'émissions plus ou moins régulières d'ondes éléctriques, il montre des ondes à très basse fréquence (alpha, bêta, delta).

En effet, notre cerveau peut émettre des ondes bêta (avec une fréquence supérieure à 14 cycles par seconde), des ondes alpha (8 à 14 cycles), des ondes thêta (4 à 7 cycles) et des ondes delta (fréquence inférieure à 4 cycles). Ces émissions sont liées au type particulier d'activité que l'on effectue. À l'état normal, nous émettons des ondes bêta; dans la phase particulière entre le sommeil et l'éveil, ou en tout cas dans celle d'intériorisation de la conscience, des ondes alpha. Les ondes thêta intéressent essentiellement le sommeil et des états émotionnels spécifiques, tandis que les ondes delta concernent exclusivement le sommeil profond, le coma, ou la mort imminente.

Chez l'individu dédoublé, les yeux physiques fermés peuvent percevoir des lueurs et, même si la conscience n'est pas encore totalement extériorisée, la trace lumineuse du double qui est souvent décrite comme "les ailes d'un ange". Rarement le corps physique de l'individu dédoublé, s'échappant de cet état semi-cadavérique, réussit à bouger, à parler ou même, par un effort énorme de volonté, à poursuivre en apparence l'activité qu'il était en train d'exercer.

APRÈS LA SORTIE: CE QUE L'ON VOIT, CE QUE L'ON ENTEND, CE QUE L'ON RESSENT

D'habitude, le double perçoit le corps physique comme "une chose de couleur jaune-rougeâtre" qui ne lui inspire que peu d'émotion, tout au plus des sentiments de compassion ou d'indifférence. Il peut sentir, toujours avec un certain détachement, la douleur, l'éventuelle maladie du corps physique, ou bien ressentir un grand bien-être, exempt des anomalies propres à la matérialité, et jouir de ses sens décuplés.

Le corps astral peut désirer, selon son niveau d'évolution, le retour dans le monde physique auquel il reste attaché émotionnellement même après la mort, s'il est sensible aux plaisirs et à la possession. Dans la plupart des cas, le dédoublement est vécu comme une condition absolument normale, heureuse, et la rentrée dans le corps physique comme un acte contraignant. La sensation agréable d'excitation, d'enthousiasme, la légèreté, la plénitude, la vitalité qui succèdent au dépaysement momentané du début, donnent une telle positivité au niveau astral que, face à lui, le monde matériel semble être gris et fade, voire laid.

Le corps astral n'a ni poids ni dimensions; il va là où il veut, il peut traverser les solides, il s'étale et se resserre à son gré. Pour lui, le temps n'a aucune importance, les heures se dilatent en jours et les jours en années. La nuit, les ombres, le sommeil n'existent pas, les sens sont plus aigus, surtout la vue. Les couleurs semblent plus nettes, souvent irréelles (il peut, en effet, parcourir l'échelle de l'infrarouge à l'ultraviolet). Il perçoit la structure de la matière, le mouvement des atomes; tout élément, si petit qu'il soit, lui devient perceptible.

Presque tous les individus qui ont vécu cette expérience parlent d'une lumière diffuse, vaporeuse, ouatée, indépendante d'une source directe.

Il est intéressant de remarquer que même dans la dimension astrale, comme c'est fréquemment le cas lors des phénomènes télépathiques visuels, la vue fonctionne "à double sens", si bien que l'on peut lire les chiffres à l'envers.

L'individu dédoublé découvre tout à coup un monde nouveau où la loi de la perspective ne règne pas, où l'on peut voir l'intérieur et l'extérieur des choses, le recto et le verso, où l'opacité se laisse pénétrer et où les corps montrent leur structure interne, l'aura, les couleurs, l'énergie vitale qui les anime, où les formes sont changeantes, fluides. Il entend des bruits, des sifflements, des voix, de la musique, les ultrasons et les infrasons qui lui échappaient de par sa nature. Ses sensations tactiles sont décuplées, totalement intériorisées; il "touche" les odeurs. Mais il est maladroit, il est en quelque sorte encore lié de manière sensorielle par sa corde à la matière, à son premier monde dont il garde le souvenir bien qu'il en soit déjà éloigné. Attentif, lucide, observateur mais détaché, il connaît pour la première fois tout le plaisir de la clarté intellectuelle et de la vitesse de la pensée; un plaisir qu'il aura cependant tendance à oublier avec tout le reste dès qu'il sera revenu à la matière.

Entre-temps, le corps physique reste dans son état d'immobilité, raide, froid. Privé des sens et de la conscience qui sont transférés à d'autres niveaux, il semble un instrument de musique sans cordes: s'il est violemment pincé, il ne manifestera aucun signe visible; par contre si le pincement est subi par son double extériorisé qui lui transmet la sensation, il se mettra alors à crier.

COMMENT SE MEUT-IL?

Si le corps physique est allongé sur le dos, le corps astral se soulève parallèlement à lui jusqu'à une hauteur d'environ 30 centimètres, puis commence à bouger lentement en zigzags. Ce sera seulement à une distance de 1 ou 2 mètres de l'enveloppe matérielle qu'il prendra une position verticale, en s'appuyant sur le milieu du corps. D'autres fois, il glisse en avant, toujours à l'horizontale, en s'éloignant du corps physique avant de se redresser. Dans certains cas, il peut aussi décoller rapidement, projeté à l'extérieur par une poussée énergique ou, au contraire, rester immobile au-dessus du corps physique pendant toute la durée de l'extériorisation. Dans tous les cas, il est doté de la faculté de traverser la matière solide, de se recomposer au-delà d'elle et de se déplacer à des vitesses différentes, c'est-à-dire:

— vitesse moyenne d'un pas normal de marche;
— mouvement plus rapide mais inconscient, perçu comme si les objets venaient effectivement à la rencontre du corps;
— vitesse gravitationnelle;
— vitesse de la lumière.

OÙ VA-T-IL?

Tout d'abord, il tend à monter au plafond, dans le coin diamétralement opposé au corps physique, d'où il observe l'état de son enveloppe, ce qui se passe dans la pièce, les personnes qui s'y trouvent éventuellement. Dans un deuxième temps, il se déplace dans d'autres pièces de l'appartement, puis dans d'autres maisons, rues, pays, dans les lieux qu'il connaît et auxquels il est lié affectivement, ou bien encore où se trouvent les objets de ses désirs (près des personnes qu'il aime, de son compagnon, de ses familiers, de ses amis). Enfin, dans des milieux inconnus, dans les contrées les plus lointaines de cette terre, dans des mondes irréels, semblables au rêve, constitués d'une matière de plus en plus subtile, changeante, transparente.

QUI RENCONTRE-T-IL?

Les rencontres, naturellement, dépendent du niveau que visite le double: des entités incarnées, des amis, des connaissances toujours vivantes dans le niveau matériel. Des corps astraux de dormeurs, de maîtres spirituels, de morts; des entités immatérielles jamais rencontrées auparavant, des parents et des amis morts, des esprits guides dans l'astral. Mais on peut aussi rencontrer des larves, des ombres, des enveloppes vides (cadavres astraux qui refusent de quitter ce niveau pour se transmuter dans d'autres mondes), des élémentaux, les animaux astraux, les redoutables gardiens des seuils de la tradition tibétaine, vampires, créatures bénéfiques ou épouvantables capables de traumatiser ou de conseiller, de consoler, de faire évoluer l'individu dédoublé. Chacun d'entre nous possède dans d'autres niveaux, un ami désincarné, une sorte d'ange gardien qui pourvoit à son évolution. Le vieux proverbe de nos grands-parents disait “la nuit porte conseil” en faisant allusion à cette résolution magique — don de la nuit! — de ces problèmes difficiles qui affligent notre existence.

Le sommeil nocturne, en effet, jette un pont entre nous et l’autre dimension, les aides invisibles qui y résident, nos amis sans corps, de qui nous pouvons toujours attendre un service, un conseil, un reproche.

LES RÉACTIONS AU RETOUR

L’euphorie et la désinvolture que l’on connaît dans sa dimension astrale semblent céder la place, surtout si l’extériorisation a été involontaire, à des émotions assez négatives: la surprise, l’anxiété, la peur. C’est le moment crucial, décisif, pour toutes les expériences qui vont suivre. En effet, si le souvenir agréable, la curiosité, surmontent la peur, alors le chemin est ouvert: le désir de se dédoubler rendra les projections suivantes plus faciles et plus naturelles. En revanche, si la rentrée dans le corps physique est provoquée par un traumatisme émotionnel, lié à la vue du corps physique inerte et à la sensation de se sentir entraîné loin, la deuxième sortie sera difficile, sinon retardée ou même écartée à tout jamais.

C’est la raison pour laquelle on recommande toujours de bien se préparer physiquement et psychiquement avant de démarrer la première expérience, la plus décisive. En tout cas, il faut toujours prendre en considération le fait que chaque expérience de dédoublement, tout en présentant des caractères communs à celles vécues par d’autres, et indépendamment de leur croyance et de leur foi religieuse (ce qui d’ailleurs augmente la crédibilité du phénomène), garde son caractère individuel et non reproductible. La prochaine expérience sera donc semblable à la précédente, mais en même temps elle sera légèrement différente, car vous serez vous aussi différent, vous serez transformé par le temps qui passe inévitablement, par vos rapports avec les autres, par l'école de la vie. De même pour l'expérience qui suivra, puis l'autre encore...

"Rien ne se perd, rien ne se crée, tout se transforme", dit une loi de l'Univers bien connue. Tout, même le dédoublement.

Emploi du dédoublement

Le corps astral, doté de sens et de capacités insoupçonnables au niveau physique, offre au praticien une série d'emplois pratiques occultes. Agir sur la matière, influencer les pensées des autres, communiquer avec les morts, diagnostiquer à distance, se déplacer à la vitesse de la lumière, puiser aux connaissances conservées dans la "mémoire du monde", tout cela a la couleur de la réalité dans les mondes subtils.

Le fait que presque toutes les civilisations possèdent dans leur bagage culturel des techniques de dédoublement, prouve que l'on peut en tirer bien des avantages, au-delà du goût de l'expérience, du plaisir de la réussite, de la soif de l'infini.

Une technique qui implique un effort, un entraînement et du moins au début la peur, n'aurait pas résisté au cours des milliers d'années, si elle n'offrait pas en échange quelque chose d'utile et de profond. Le chaman, le saint, l'ermite qui se projettent à l'extérieur de leur corps, le font dans un but bien précis, lié aux possibilités qui ne sont pas même soupçonnables ici. Se dédoubler, en effet, pourrait vouloir dire puiser aux connaissances supérieures, dialoguer avec les morts dotés d'un esprit prophétique, parcourir en quelques instants des distances prodigieuses, percevoir clairement l'état intérieur des corps.

Chacun pourra réaliser beaucoup de choses en astral s'il procède graduellement. De grandes choses et de petites, faciles ou très simples, mais en tout cas supérieures à leurs possibilités matérielles.

- Commençons par le plus simple: se recharger. Il existe des centaines de façons, dans le monde physique, de reprendre des forces qui vont de l'alimentation à l'exercice physique, du massage au bain thérapeutique. Mais, lorsque nous essayons la méthode de recharge la plus instinctive, la plus naturelle: le sommeil, nous accédons en nous dédoublant, même de quelques centimètres, à cette réserve énorme d'énergie cosmique qui peut nourrir et revitaliser chaque homme. Une pratique revitalisante ne sera jamais aussi efficace que le sommeil et la légère extériorisation qui en découle. L'emploi le plus simple mais essentiel du dédoublement se résume en un mot: recharger, approvisionner l'individu en énergies. Une technique qu'il ne faut pas sous-estimer dans les moments où l'on a besoin d'un regain de vigueur et de résistance physique, ou bien dans le cas où l'on désirerait communiquer une part de l'énergie vitale que l'on détient.

- Il a été scientifiquement démontré que les facultés extrasensorielles qui sont normalement endormies chez chacun d'entre nous (telles que la télépathie, la clairvoyance, la prémonition) sont plus actives chez les sujets dédoublés. Le temps, qui n'a une signification que dans la dimension humaine, est en réalité un espace. Dans un monde où la pensée est instantanée, où les déplacements se font à la vitesse de la lumière, une vision simultanée du passé (rétrocognition), du présent (voyance) et du futur (prémonition) devient parfaitement réalisable. Grâce à ces facultés inespérées, l'individu extériorisé peut alors se transformer en conseiller, consolateur, aide invisible, protecteur en cas de danger. Il acquiert, en outre, les capacités de voir à distance ou à travers les objets opaques (clairvoyance) et de communiquer télépathiquement en influençant la pensée des autres.

• La perception à travers les corps opaques rend le sujet extériorisé comparable à un appareil à rayons X, sans qu'il en présente le même danger. La vision claire de la structure intérieure du physique, des anomalies, des éventuelles pathologies ou déséquilibres, ainsi que la capacité de commander les énergies subtiles à distance fait du dédoublement un instrument thérapeutique de diagnostic fort précieux, le même qu'emploient les chamans et les sorciers des civilisations les plus disparates.

• Le corps astral, capable de se mouvoir comme on l'a dit, à la vitesse de la lumière, possède comme un véritable tapis roulant des Mille et une Nuits servant sa fabuleuse possibilité de se déplacer instantanément. En effet, il suffit de formuler le désir de visiter n'importe quel lieu pour que le corps subtil s'y trouve immédiatement transporté...

• Les Hindous mentionnent, en plus des quatre éléments occidentaux, un cinquième qui nous est inconnu, l'éther, qu'ils appellent *akasa*. Ces immenses archives de l'Univers contiendraient l'image de tout ce qui a été, qui est et qui sera. Le dédoublement ouvrirait alors l'accès à de nouvelles connaissances, de nouvelles informations scientifiques, philosophiques ou occultes.
Au cours de nombreuses cérémonies tribales initiatiques, les adolescents qui accédaient à la condition adulte par ces rites de passage, étaient "endormis" au moyen de rythmes

ou de potions magiques particulières pour qu'ils puissent apprendre pendant leur sommeil l'histoire mythique de leur peuple. Cette connaissance constituait justement la différence entre l'homme et l'enfant. Par le dédoublement, les jeunes étaient donc mis en contact avec les origines de la Connaissance et en revenaient changés, promus dès lors à un nouveau statut social.

• Dans l'astral, l'action sur la matière est difficile mais non impossible. Elle se manifeste par des coups frappés, des objets déplacés, des portes ouvertes, par la matérialisation ou la dématérialisation des corps. Un corps réduit à l'état éthérique, en se jouant de la cohésion des molécules, est déplacé facilement, jusqu'à ce qu'il recouvre son état d'origine, par pression. En utilisant des forces éthériques, de nature semi-matérielle, tirées de lui-même ou d'autres personnes, l'individu en état de dédoublement est ainsi à même d'agir à distance sur la matière. Le médium Eusapia Palladino, par exemple, jouait d'un accordéon éthérique; le son était cependant produit avec deux secondes de retard par rapport au geste de la main physique. Dans des cas encore plus rares, le double peut écrire, parler, donner vie à ses propres images mentales, faire léviter de lourds objets. Peut-être serait-il bon dès le début d'entraîner sa volonté à exercer une action sur la matière en se fixant, avant l'expérience, un but modeste à atteindre: par exemple déplacer ou faire tomber un objet très léger et cela en vous exerçant jusqu'à ce que vous obteniez un succès complet et passiez à un objectif plus difficile.

• De même, le double est-il capable de produire des phénomènes lumineux, car la lumière est une vibration éthérique. Le fantôme d'une personne vivante généralement apparaît coloré, tandis que celui d'un mort est surtout blanchâtre.

• Une autre faculté caractéristique du corps astral est de pouvoir laisser des traces de soi. En effet, le double est à même d'influencer la psyché et les sens des personnes présentes en les touchant de ses mains invisibles. Il peut exercer une action sur des instruments de mesure, impressionner une plaque photographique et laisser les empreintes de ses mains sur l'argile fraîche ou sur des plaques recouvertes à dessein de talc ou de cendre. Pour ce faire, il faut vous procurer une plaque en verre d'environ 10 centimètres sur 15 et y faire tomber le talc de sorte qu'il se dépose en une couche légère et uniforme. Pour conserver ces empreintes, vous pouvez ensuite utiliser une plaque photographique exposée au soleil pendant quelques minutes jusqu'à ce qu'elle noircisse. Plongez-la dans de l'eau pendant quelques instants, puis séchez-la à l'aide d'une feuille de papier absorbant. Pressez-la enfin contre la couche de poudre. À l'aide de ce système très simple, vous pouvez prendre des empreintes indélébiles du double: le bras droit correspond à l'empreinte gauche et vice versa. On a noté, à la suite de cette expérience, que la main du double est légèrement plus grande que celle du corps physique.

• Autre faculté intéressante et bizarre du corps astral: le contact avec les morts. Beaucoup d'anciens poèmes épiques font allusion, parmi les nombreuses aventures des héros, à une descente aux "Enfers", une entrée, en tant qu'êtres vivants, dans le royaume interdit des morts. Cela se rapproche beaucoup de ce qui peut arriver à un individu dédoublé. Le dialogue avec les morts est recherché lors du dédoublement ainsi que dans le spiritisme, en raison, certes, d'un besoin prévisible de consolation mais surtout dans le but d'obtenir des informations précieuses sur l'existence dans l'au-delà et sur les événements futurs qui semblent être visibles aux morts, comme s'ils étaient réfléchis dans un grand miroir.

• Il semble que parmi les possibilités du corps astral il y ait aussi celle de pénétrer dans le corps des animaux (zooanthropie) en vivant en contact étroit avec l'esprit de groupe auquel se rallie chaque représentant de l'espèce après sa mort.

• Voici enfin la faculté la plus importante du double: la communication au niveau subtil avec les autres êtres vivants. Elle se vérifie par l'échange télépathique à l'état d'éveil, ou en rêve, ou en tant qu'influence directe sur des instruments spécifiques à la communication subtile.

Le spiritisme suggère différentes autres voies de communication avec le niveau astral:

— l'écriture automatique, par exemple, qui s'effectue en état de très grande relaxation, en laissant une entité extérieure (influant sur le médium) guider notre main;
— l'enregistrement de voix astrales arrivant à se faire entendre dans le monde physique par manipulation d'ondes radio;
— le dénommé "oui-ja" ou assiette, système de communication avec les autres mondes, basé sur un cercle composé des lettres de l'alphabet et d'un instrument assez léger et lisse (assiette, verre, etc.). Ce dernier est guidé par les énergies subtiles des doigts de tous les participants (au moins trois) et touche, en tournant comme s'il était doté magiquement de petites roues, les lettres les unes après les autres, ce qui forme des mots, des phrases entières;
— la chaîne spirite et le système de la typtologie (coups frappés par la célèbre table à trois pieds) ou de l'ultraphonie (la voix du médium en transe). Tous sont des systèmes que les morts utilisent habituellement comme moyen de communication, moyens tous aussi accessi-

bles aux vivants dédoublés qui se trouvent sur le même niveau, dans la même condition de détachement même provisoire de la matière.

Pour vérifier la réalité du dédoublement, vous pourrez organiser avec un groupe d'amis, en vous entendant d'abord sur l'heure, une séance où vous chercherez à vous manifester en astral, en exerçant une influence sur les instruments employés et sur l'énergie des participants. Par exemple, posez votre main astrale sur celle du directeur de la séance, afin de pouvoir communiquer aux personnes présentes votre pensée (une phrase, un conseil). Si le jour suivant vous remarquez une coïncidence entre ce que vous aviez décidé de communiquer et le message reçu par le groupe, vous aurez alors une preuve tangible du succès de votre extériorisation.

Expériences à deux

La réalisation effective de la sortie en astral, toujours sous l'action de l'autosuggestion, revêt la couleur de la certitude dans ce genre d'expérience où l'expérimentateur, dédoublé, parvient à se manifester visuellement à un individu réceptif qui l'attire télépathiquement et à agir sur la matière, grâce à l'aide subtile de ce dernier.

EXPÉRIENCES RÉALISÉES AVEC UN SUJET RÉCEPTIF

Ce genre d'expérimentation réunit deux acteurs, deux polarités opposées, l'une au service de l'autre: l'expérimentateur, qui se dédouble et joue un rôle actif, yang pour reprendre un terme taoïste très explicite, et le sujet réceptif, chargé de recevoir, de percevoir le double de l'autre, qui assume une fonction passive, réceptive, c'est-à-dire yin, de contrôle et de découverte éventuelle de phénomènes purement subjectifs.

Mais comme nous l'enseigne le Tao (voir l'illustration n° 18), le yin et le yang, les deux polarités complémentaires et opposées dont l'interaction conditionne le perpétuel écoulement de l'univers tout entier, renferment chacune le germe de leur propre contraire. Il en va de même pour nos sujets: le sujet réceptif, yin, se transforme donc en yang, actif, en atti-

Figure 18. Le Tao

rant à lui le double de l'autre et en le rechargeant de sa propre énergie. À son tour l'expérimentateur, voué à une fonction yang, active, devient passif, réceptif, se laisse attirer par son compagnon et en reçoit la force subtile. Nous nous trouvons ainsi face à deux individus généralement dotés de caractéristiques diverses, préposés à des rôles différents mais également importants pour la réussite de cette expérience. Il va de soi que l'expérimentation par couple nécessite de la part de l'opérateur une faculté de dédoublement déjà acquise. Le débutant en sera donc, tout au moins pour le moment, exclu.

CARACTÉRISTIQUES DU SUJET RÉCEPTIF

La première condition indispensable du succès, c'est la sympathie, la syntonie, la compatibilité psychique et astrologique entre l'opérateur et le sujet réceptif. Deux partenaires en accord parfait, si possible un homme, naturellement yang, remplissant une fonction active, et une femme, yin, jouant un rôle réceptif, représentent, selon T. Palamidessi, le couple gagnant pour ce genre d'expérience. À défaut de conjoint ou de fiancé, le choix devra, quoi qu'il en soit, se porter sur un(e) bon(ne) ami(e), de préférence mais pas obligatoirement de sexe opposé.

L'essentiel est que le sujet réceptif joigne à une bonne dose de sang froid l'objectivité nécessaire à un examen minutieux des faits, exempte de toute suggestion, et la force nerveuse suffisante pour attirer et augmenter la puissance de l'opérateur en cas de manque. Les meilleurs sujets pour cette fonction semblent être, encore une fois, les types nerveux purs ou mixtes, c'est-à-dire les personnes faites pour le dédoublement, les bilieux, les lymphatiques et, en règle générale, tous les individus dotés du don de la voyance, ou tout au moins facilement hypnotisables. En revanche, les sanguins sont déconseillés, car ils sont souvent sujets à des hallucinations, absolument inopportunes dans ce genre d'expérience.

Afin de développer la composante bilieuse du tempérament favorisant la réceptivité, C. Lancelin suggère un régime riche en viandes blanches, poisson cuit à l'eau, ail, oignons, poireaux, fèves, melons, oranges, bananes, nèfles et coings. Il conseille, en outre, de modérer la consommation de lait, vin, thé et alcool sucré (kirsch, kummel, anisette), de réduire la durée du sommeil à six ou sept heures, d'opter pour une activité monotone et généralement dénuée d'émotions joyeuses et violentes. Le recours répété aux bains tièdes et la préférence pour les couleurs pâles et tristes comme le gris, le violet, le jaune verdâtre favoriseraient aussi le développement de ce tempérament.

En revanche, si le sujet réceptif avait tendance à produire des hallucinations, il serait doucement conduit, toujours par ce régime, vers le lymphatisme. On prévoit dans ce cas l'emploi de maïs, sarrasin, féculents, légumes, pommes de terre, lait, beurre, et un sommeil prolongé dans un lit moelleux et chaud jusqu'à neuf ou dix heures. Ajoutons à cela la continence, la sédentarité, la persévérance, l'ordre; les bains tièdes, très longs, les couleurs tendres et pâles.

Le sujet réceptif, naturellement d'accord, devra toujours être informé en détail sur l'expérience de façon à pouvoir focaliser sa pensée sur l'expérimentateur et à unir sa propre volonté à la sienne dans un but commun. Le fait de posséder certaines connaissances techniques sur le sujet et d'habiter très près de l'expérimentateur ou, mieux encore, sous le même toit, ne fera qu'influencer positivement l'expérience.

Après s'être entendus sur la date et les heures probables, puisque le fait de ne pas communiquer le moment précis de l'extériorisation peut constituer un instrument de contrôle supplémentaire, et après avoir observé les conseils préliminaires fournis dans les chapitres précédents, l'expérimentation pourra commencer.

TECHNIQUES DE L'EXPÉRIMENTATION PAR COUPLE

Placez avant tout, près de votre tête, un petit objet appartenant au sujet réceptif, une mèche de ses cheveux ou, si c'est une femme, quelques gouttes de son parfum. Puis visualisez l'extériorisation, en vous arrêtant un instant sur votre propre image qui s'élève et se dirige vers l'autre, en soignant les détails du trajet et en réactivant continuellement le désir, la détermination de se trouver chez le sujet réceptif. Le fait d'avoir parcouru le même chemin à l'état de veille en mémorisant les étapes essentielles simplifiera au maximum cette opération, créant un environnement propice pour le dédoublement. Au moment de l'extériorisation, le double rendu dynamique par la force attractive du sujet réceptif qui le pense et l'appelle en guidant son voyage, percevra son signal (l'objet, le parfum) et, attiré naturellement, s'engagera sur la route déjà connue afin de le rejoindre.

Le sujet réceptif à son tour percevra consciemment le corps astral de l'autre, ou en recevra l'image dans son rêve. Le double, par l'acquisition d'une plus grande expérience, pourra ensuite choisir d'autres formes de manifestation, différentes de la forme visuelle: déplacer des objets, écrire un message, laisser des traces ou des empreintes, produire des coups. D'innombrables expériences, toujours plus difficiles, sont prévues à cet effet.

Des exercices liés à l'audibilité, à la tangibilité, à la capacité d'agir sur la matière, de se diriger consciemment dans une direction et de conserver le souvenir de cet événement seront au fur et à mesure proposés au double, proportionnellement au renforcement de la volition de l'expérimentateur requis en quantité de plus en plus consistante.

ESSAIS D'EXTÉRIORISATION RÉALISÉS PAR COUPLE

Déplacement d'objets

La tâche de l'expérimentateur consiste à poser un objet sur un meuble en visualisant son propre double qui, une fois présent, le jette à terre. Toujours à l'état de veille, il devra alors répéter autant de fois que possible le même geste, en se substituant au fantôme à peine visualisé. Avant de se coucher et de s'endormir avec la volonté de se dédoubler en envoyant son propre double chez le sujet réceptif, il prendra soin de placer l'objet employé sous son oreiller.

Il est toujours conseillé d'utiliser de petits objets légers (une feuille de papier, une plume, un bouchon de liège) nécessitant une dépense énergétique minimale, puisque l'on ne connaît pas la portée exacte de la force du double, sujette avant tout à des variations dues à la chaleur et à l'humidité.

En se développant, le corps astral rencontre l'objet utilisé qui réveille en lui le souvenir de la tâche qui lui a été assignée. Il se rend donc dans ce but chez le sujet réceptif où il trouve un objet identique, posé au préalable sur un meuble. À ce moment, le geste visualisé et répété plusieurs fois par le corps physique est devenu automatique: le fantôme prend l'objet et le déplace, ou plus exactement le jette à terre.

Répercussion sur le corps physique

Un autre exercice, assez intéressant à réaliser par couple, concerne le phènomène de la répercussion. Nous avons déjà fait allusion au fait que les traumatismes et les lésions subis par le double apparaissent mystérieusement sur le corps physique qui pourtant, couché et protégé par l'isolement, n'aurait pas été en mesure de les provoquer personnellement. Le sujet réceptif devra, dans ce cas, produire volontairement chez le fantôme une petite lésion superficielle. L'action sera accomplie très rapidement, soudainement, afin d'éviter la fuite du spectre, et ne dépassera jamais certaines limites, cause de la dissolution du double et de répercussions très graves sur le physique de l'expérimentateur.

Par exemple, on pourra piquer le fantôme avec une aiguille, comme si on l'introduisait dans un tissu pour coudre, en prenant soin de toujours utiliser des instruments bien désinfectés pour ne pas risquer d'infecter le corps physique.

Une autre solution consiste à brûler légèrement l'image éthérée, ou bien encore à contraindre le double à tremper ses doigts dans une substance colorée. Si le dédoublement a réellement eu lieu, l'expérimentateur se retrouvera, le lendemain matin, avec des doigts teintés, une petite cicatrice ou une ampoule dans la zone du corps correspondant à la lésion.

Inversement, le fantôme peut de la même manière agir, en le brûlant, en le marquant, sur le sujet réceptif ou sur un matériau préparé à cet effet (talc, argile, plaque photographique), y laissant des traces ou des empreintes.

EXPÉRIENCES ACCOMPLIES AVEC UN SUJET RÉCEPTIF ORDINAIRE, JOUANT UN RÔLE TOTALEMENT PASSIF

Une fois qu'il aura amélioré ses propres facultés de condensation fluidique grâce auxquelles le fantôme pourra être vu et touché non seulement par un médium, préparé tout spécialement pour ce genre d'expérimentation, mais également par un individu ordinaire, l'opérateur sera mûr pour se manifester à quiconque en astral.

Privé du support énergétique silencieux mais solide du sujet réceptif, de son guide et de son aide, il devra alors compter uniquement sur ses propres forces, sur son propre sens de l'orientation et sur sa propre capacité de se souvenir de l'expérience vécue.

Il est, bien entendu, indispensable dans ce cas aussi de mettre au courant les individus auxquels on a l'intention de se manifester et d'obtenir leur consentement. En effet, le risque de les faire mourir de peur met en danger non seulement leur sécurité, mais également celle de l'expérimentateur dont le double pourrait être, par réaction, profondément atteint ou touché, ce qui entraînerait des répercussions fatales sur le corps physique.

Les enfants, les jeunes filles, les personnes âgées, les malades ou plus généralement toutes les personnes excessivement nerveuses devront être a priori écartées. Si les résultats tardaient à se manifester, cela pourrait signifier que le dédoublement n'a pas réellement lieu, ou que le sujet réceptif oppose une résistance extrême.

Lors du passage d'un sujet réceptif à un autre, il est toujours conseillé de retourner chez le précédent encore une fois ou deux, au cas où le besoin d'une recharge énergétique se ferait sentir.

Voyages astraux collectifs

La maîtrise totale des techniques de dédoublement permet d'aborder des expériences nouvelles. Citons à titre d'exemple l'entreprise complexe mais prégnante du voyage astral collectif effectué en groupe, dans une direction commune, par des personnes parfaitement unies, à l'intention fermement déterminée et entraînées depuis longtemps à la pratique du dédoublement.

Nous voici enfin arrivés à l'exercice le plus complexe à exécuter en astral, mais certainement l'un des plus satisfaisants. Le voyage astral collectif suppose une syntonie presque parfaite des vibrations, alliée à un excellent entraînement à l'extériorisation. La compatibilité astrologique entre les participants constitue ici un filtre de base véritablement essentiel qui devrait être évalué en fonction de chaque horoscope par un astrologue compétent. En se fondant uniquement sur la position du soleil et sur celle de l'ascendant (à condition de connaître ce dernier), on peut, en règle générale, mais pas toujours de manière exacte compte tenu de la concomitance d'autres valeurs, affirmer que les signes de Feu (Bélier, Lion, Sagittaire) s'harmonisent bien entre eux et avec les signes d'Air (Gémeaux, Balance, Verseau). Ceux de Terre (Taureau, Vierge, Capricorne) s'accordent avec les signes appartenant à ce même élément, ainsi qu'avec les signes d'Eau (Cancer, Scorpion, Poissons), et vice versa les signes d'Air avec ceux de Feu et les signes d'Eau avec ceux de Terre.

Pour être un peu plus précis, voici les rapports des signes entre eux.

• Pour le *Bélier*: harmonieux avec le Lion, le Sagittaire, le Verseau et les Gémeaux. Fluctuant, étant donné la totale complémentarité de tempérament, avec la Balance, et difficile avec le Capricorne et le Cancer.

• Pour le *Taureau*: positif avec la Vierge, le Capricorne, les Poissons et le Cancer. Instable avec le Scorpion, de caractère totalement opposé. Négatif avec le Lion et le Verseau.

• Pour les *Gémeaux*: positif avec le Verseau et la Balance, le Bélier et le Lion; instable avec le Sagittaire; négatif avec la Vierge et les Poissons.

• Pour le *Cancer*: positif avec les Poissons, avec le Scorpion, avec le Taureau et avec la Vierge; instable avec le Capricorne; négatif avec le Bélier et la Balance.

• Pour le *Lion*: positif avec le Bélier, le Sagittaire, les Gémeaux et la Balance; instable avec le Verseau; négatif avec le Taureau et le Scorpion.

• Pour la *Vierge*: positif avec le Capricorne et le Taureau, avec le Cancer et le Scorpion; instable avec les Poissons; négatif avec les Gémeaux et le Sagittaire.

• Pour la *Balance*: positif avec les Gémeaux, le Verseau, le Lion et le Sagittaire; instable avec le Bélier; négatif avec le Cancer et le Capricorne.

• Pour le *Scorpion*: positif avec les Poissons, le Cancer, la Vierge et le Capricorne; instable avec le Taureau; négatif avec le Lion et le Verseau.

• Pour le *Sagittaire*: positif avec le Bélier, le Lion, la Balance et le Verseau; instable avec les Gémeaux; négatif avec la Vierge et les Poissons.

• Pour le *Capricorne*: positif avec la Vierge, le Taureau, le Scorpion et les Poissons; instable avec le Cancer; négatif avec la Balance et le Bélier.

• Pour le *Verseau*: positif avec la Balance, les Gémeaux, le Sagittaire et le Bélier; instable avec le Lion; négatif avec le Taureau et le Scorpion.

• Pour les *Poissons*: positif avec le Scorpion, le Cancer, le Capricorne et le Taureau; instable avec la Vierge; négatif avec les Gémeaux et le Sagittaire.

Le dédoublement en communauté peut s'effectuer soit en laissant les enveloppes physiques respectives dans leur propre demeure, après s'être entendus sur l'heure et la destination, soit en s'extériorisant tous ensemble, en se plaçant en cercle après une méditation collective, dans un milieu clos et bien protégé des influences négatives insidieuses. La construction du cocon éthéré qui empêche les interférences de vibrations et les dangereux échanges d'enveloppe s'avère, dans ce cas précis, inévitable. Il est également indispensable d'utiliser de l'encens et une cuvette d'eau posée au centre du cercle.

Au cas où la destination choisie serait très éloignée du lieu où résident les corps matériels, on peut organiser, après s'être préalablement mis d'accord, de véritables stations de ravitaillement énergétique le long des étapes fixées, afin de fragmenter le chemin. Ces stations seront constituées par de petits groupes de sujets réceptifs réunis en chaîne (la main dans la main ou bien les paumes à plat sur la table, les auriculaires de l'un au contact de ceux de l'autre, les pouces reliés, le tout formant un cercle).

Le récit d'expériences identiques ou très semblables ne constitue pas toutefois dans ce cas une preuve suffisante de la véracité de l'expérience. En effet, chez des individus très compatibles, des processus télépathiques s'instaurent facilement. Paradoxalement tous les participants pourraient relater une expérience hallucinatoire présentant des caractéristiques communes comme s'il s'agissait d'une réelle extériorisation, partagée, sans pour autant s'être dédoublés. Les informations transmises sur le fil de la pensée de l'un à l'autre des expérimentateurs viendraient ainsi attester une expérience qui, en réalité, n'a jamais eu lieu.

Seules des preuves tangibles telles que l'apparition des doubles, la description exacte des lieux confirmée ensuite par la perception des yeux du corps physique, par des photographies ou par l'action directe sur la matière, sont en mesure de certifier un dédoublement collectif effectif.

Techniques du retour

Le retour du corps astral dans l'enveloppe matérielle doit s'effectuer naturellement, presque automatiquement, dans le sillage d'un intense désir de revenir. Des méthodes telles que l'accélération de la respiration et le parcours à reculons des étapes suivies pour se dédoubler facilitent davantage le processus.

Revenir d'un dédoublement est plus facile qu'on ne le pense. Un bruit importun ou soudain ou bien une peur trop intense suffisent à reconduire le corps subtil dans son enveloppe physique naturelle. C'est pourquoi la sortie inconsciente, protégée par son inconscience même, tend à se prolonger davantage par rapport aux expériences volontaires et conscientes.

Une sensation très vive de remous, accompagnée de plusieurs tressaillements semble constituer la plus commune des impressions caractéristiques du retour; une sensation si prégnante qu'elle peut quelquefois arracher un cri. Certains individus affirment qu'ils perçoivent, à l'instant précis du retour, une petite explosion semblable à un ballon qui éclate près de l'oreille, ou bien un sifflement, des sifflets, des mots, des sons retentissants.

Si le processus a été involontaire et excessivement foudroyant, le corps physique paraît tout d'abord froid, puis très chaud; tachycardie, transpiration intense, pulsations atteignant le nombre de 130 ou 140 et autres anomalies peuvent survenir et créer une situation de profond malaise. Il faudra y faire face en pratiquant au plus vite un exercice de relaxation et un contrôle adéquat de la respiration, naturellement accélérée par le phénomène du retour.

En revanche, le retour volontaire nécessite de la part du sujet dédoublé un acte de détermination. Et, bien que certaines personnes assurent avoir du mal à l'obtenir, il devient dans la plupart des cas presque automatique, dès que l'on formule une pensée de retour dans le corps. De plus, le champ magnétique défensif qui se crée autour du corps physique fait en sorte que l'on ne peut revenir qu'à l'endroit d'où l'on est parti. Le risque de se tromper d'enveloppe, de posséder involontairement le corps d'autrui ou d'entrer dans des cadavres, évoqué par tant de soi-disant occultistes, apparaît donc si lointain qu'il peut être quasiment négligé. Lorsque la corde d'argent semble opaque, sombre, dure, c'est-à-dire quand elle laisse percevoir sa présence par de violentes secousses, il n'est plus permis de s'attarder dans d'autres sphères. Le corps physique commençant à se ressentir de cet abandon réclame de vive voix ses propres animateurs subtils. L'accélération de la respiration, en régularisant la circulation, suscite d'habitude instantanément le retour qui s'effectue généralement par les pieds. Dans ces cas presque miraculeux d'extériorisation prolongée durant des mois, fréquents dans la littérature se rapportant au yoga, le flux sanguin bloqué par l'état léthargique est toutefois réactivé à l'aide de massages pratiqués avec une éponge chaude: c'est une technique dont il faut en tout état de cause se souvenir, et que l'on peut conseiller à ses proches pour parer à l'éventualité, d'ailleurs peu probable, d'un... incident de voyage.

Les techniques du retour suivent naturellement le chemin inverse de la sortie. Quiconque s'est projeté suivant la méthode de l'onde bleue ou d'autres techniques similaires de dédoublement conscient visualisera alors, en maintenant toujours sa respiration sous contrôle, une onde rouge qui s'écoule en sens inverse, c'est-à-dire de la tête aux pieds, pendant un temps égal à la moitié de celui requis par l'onde bleue (8 à 10 minutes). En revanche, si l'extériorisation a été produite au moyen d'une induction hypnotique ou autohypnotique, le retour sera obtenu grâce au même système; l'opérateur dira par exemple (ou se sera préalablement imposé) "à un ton cœur s'accélère, à deux ta respiration se fait plus profonde, à trois tu reprends possession de ton corps."

Enfin dans le cas d'un dédoublement obtenu à l'aide des passes magnétiques, celles-ci seront effectuées de la tête aux pieds, de façon à ramener l'énergie déplacée vers le haut au centre, son siège naturel. H. Durville affirme qu'après un réveil induit de cette manière, il faut environ 10 à 15 minutes pour que le sujet rentre parfaitement en lui, et démontre en effectuant un relevé thermique sur les deux mains que le retour se fait par la partie droite de la tête: sa température présente, en effet, à ce moment un degré de différence par rapport à la gauche. Quelle que soit la technique utilisée, le processus du retour s'effectue naturellement, doucement, accompagné parfois d'une amnésie légère et partielle. S'il s'avérait, en revanche, laborieux, pénible, ce serait un signe de réveil trop brusque des facultés de dédoublement chez un sujet insuffisamment prêt à y accéder.

La gradation exempte de ruptures ou de bonds est ici aussi, comme dans toutes les disciplines de l'Occulte, la route la plus sûre, dénuée de dangers ou de dommages.

Après avoir repris possession de votre propre corps, exécutez des micromouvements et donc un micromassage à la pointe de vos doigts. Ouvrez les yeux, étirez-vous. Le réveil est presque toujours caractérisé par une sensation de soif intense. Mangez quelques grains de sel marin et buvez un verre d'eau non gazeuse. Accordez-vous ensuite un long sommeil réparateur.

Guérir l'astral pour guérir le physique

La maladie, déséquilibre énergétique, affecte avant le corps physique le corps subtil qui lui est étroitement associé. Une action thérapeutique menée sur l'astral équivaut donc à une guérison du physique; le retour à l'équilibre du corps physique coïncide avec une amélioration de la qualité du corps astral. L'instrument d'intervention le plus propice est représenté dans ce cas par l'abondant corpus des thérapies parallèles (acupuncture, pranothérapie, chromothérapie, aromathérapie, médecine magique) qui nous vient en aide par une action subtile et efficace, dirigée en fait non pas contre le symptôme mais contre la pathologie, à ses racines.

Le secret des thérapies du *chaman*, du sorcier de la forêt, est lié aux capacités de se dédoubler. Moyennant des rites initiatiques particuliers et symboliques, des ségrégations, ou à la suite d'une longue et dangereuse maladie, celui qui reçoit les facultés chamaniques obtient l'accès à d'autres mondes. Tandis que son corps physique soutenu par la danse et le rythme du tambour s'abandonne aux transes, il peut alors se rendre dans les régions célestes où résident les dieux, dans l'au-delà, pays des morts et des esprits qui connaissent l'avenir, dans les corps des malades ou dans les régions désolées où errent les âmes des mourants.

Distincts du corps physique, il semble possible de constater, grâce à la vue et au toucher, l'état subtil des organes internes, la vitalité des *chakra*, la condition énergétique des méridiens chinois ou des *nâdî* hindous, la coloration de l'aura.

En Occident, on tend généralement à faire coïncider le début de la maladie avec l'apparition du symptôme et à identifier la rémission avec la guérison. Mais la maladie qui est un déséquilibre énergétique, un manque ou un excès, débute bien avant la manifestation du symptôme et se termine longtemps après sa disparition.

L'aiguille de la médecine chinoise ou l'imposition des mains, l'utilisation des couleurs, des métaux, de la musique ou l'emploi d'herbes et de mixtures magiques, tout comme les thérapies effectuées à distance sur des photographies, ont avant tout pour but d'agir sur les forces subtiles bloquées, sur les canaux énergétiques obstrués ou trop stimulés aux dépens des autres, sur les énergies négatives impures qui ont pénétré à l'intérieur de l'organisme, le déséquilibrant et encombrant les centres subtils. La maladie naît dans le corps astral et ce n'est que dans un deuxième temps qu'elle commence à se répercuter sur le corps physique et à devenir manifeste. En guérissant le corps physique par un régime approprié et une respiration correcte, on remédie également aux déséquilibres du corps astral. De même en agissant sur le corps astral par la musique ou les couleurs, par les essences, le prânâyâmâ ou l'énergie bioradiante, on rééquilibre les troubles du corps physique.

Ainsi le dédoublement se révèle être, pour qui sait l'employer correctement, un système diagnostique utile fondé sur la perception naturelle de ses propres organes internes et de ceux des autres. Cela n'a donc rien à voir avec les substances radioactives dangereuses et souvent inutiles auxquelles nous sommes exposés durant presque tous les examens cliniques. L'énergie subtile dont l'individu dédoublé fait provision en se déplaçant dans d'autres sphères peut être ensuite transmise dans un but thérapeutique. On sait combien l'émanation vitale d'une personne en bonne santé est en mesure d'agir positivement sur un malade; tant et si bien que les individus affaiblis sont parfois rechargés par le simple voisinage des plus forts qu'eux.

Après avoir mis au point, moyennant un exercice constant, ses propres capacités de visualisation et s'être bien imprégné d'énergies subtiles, on expulse grâce aux fameuses "passes" et à l'imposition des mains les énergies négatives du malade, en les visualisant comme des flots de matière foncée s'échappant de la zone corporelle concernée. On envoie donc toujours à travers les mains bien tendues et ouvertes à environ 10 ou 15 centimètres du corps du patient des énergies vitales positives, visualisées comme des rayons de lumière colorée (verte pour cautériser et cicatriser, orangée pour recharger, bleue pour calmer, blanche pour revitaliser, etc.), en syntonisant l'émanation par une respiration profonde et contrôlée.

Après la thérapie, il faut veiller à se décharger des énergies négatives extraites en secouant longuement les mains ou en les tenant pendant au moins 3 ou 4 minutes sous un jet d'eau froide.

La mort: voyage astral sans retour

La mort, à laquelle le dédoublement ressemble tant, est un passage de condition naturel exempt, pour l'individu évolué, entraîné au dédoublement, de traumatismes et de douleur. Il est nécessaire de savoir bien mourir, enseignent les Tibétains, maîtres de cet art difficile, en conservant une conscience toujours claire dont dépend la qualité de la vie future. Quiconque a déjà franchi une fois le seuil du dédoublement aura déjà surmonté à moitié la peur de la mort. L'expérience directe de ceux qui, dédoublés involontairement durant un état de coma sont revenus dans notre monde changés, enrichis d'une foi qui leur faisait défaut, libérés désormais de l'angoisse qu'inspire l'ultime passage, nous le confirme.

Tous les hommes ou presque, ceux qui croient en l'âme et ceux qui n'y croient pas du tout, ont pris une mauvaise habitude: ils s'identifient à leur propre corps. On prononce de belles paroles, on affirme que le corps n'est qu'un vêtement, on se préoccupe peut-être de ses propres "péchés", mais pour ensuite les laisser de côté car au fond le problème est encore loin.

Le problème réel, immédiat, réside, en revanche, dans la "bouillie" quotidienne pour que le corps n'ait pas faim, dans les médicaments pour qu'il n'ait pas à supporter la douleur, dans l'habit, le chauffage, la couverture, pour qu'il ne souffre pas du froid. Freud résume tout cela, ce souci de faire en sorte que le corps se sente bien, cette envie d'accumuler pour un avenir incertain, dans un principe de base: l'instinct de conservation qui associé à celui, légèrement secondaire tout au moins chez l'homme, de continuation de l'espèce serait le moteur même de l'existence. Une animalité antipathique à admettre, souvent bien dissimulée derrière des justifications raffinées et des constructions mentales complexes.

Nous aimons tous vivre. Nous aimons manger, nous habiller, bouger, avoir des rapports sexuels. Nous aimons avoir un enfant, car c'est un beau cadeau à faire et à recevoir du partenaire, parce qu'il est petit, tendre, parce qu'il nous permet de nous perpétuer, de rester jeunes, de continuer à vivre dans son corps que nous lui avons "fabriqué" avec amour. Bien que l'au-delà soit dépeint comme une dimension lumineuse et heureuse, bien que le chrétien affirme qu'en présence de Dieu tout est musique et joie et que le musulman promette au juste une nourriture raffinée et d'érotiques concubines, aucun homme n'aime mourir.

La mort est (ou tout au moins semble être) une expérience nouvelle qui fait peur; et même pour celui qui croit avec certitude en l'au-delà, ou qui espère en une autre vie, l'abandon de ce corps que l'on a tant soigné, avec lequel on s'est si longtemps confondu constitue un traumatisme considérable. Au moment douloureux de la séparation, que l'on espère repousser jusqu'au dernier instant, l'âme et le corps, ou les corps subtils, partent dans une direction extracorporelle, laissant l'enveloppe externe désormais dépourvue du souffle et de la chaleur de la vie aux larmes de ceux qui restent.

Mais, libre après l'angoisse du passage obligé, le subtil va vers la lumière, dans les lieux que sa pensée même, la foi qu'il a suivie au cours de sa vie ont créés pour lui. La mort n'est pas le pire de tous les maux déclarait le poète avec raison. Bien plus, en y réfléchissant, ce ne serait même pas un mal. La Femme à la Faux incarne un événement naturel, un événement commun à toutes les espèces dotées de ce merveilleux quid que nous appelons vie et sans lequel la vie même ne serait pas possible.

La disparition d'une personne chère est certainement pour un individu ordinaire un épisode traumatisant, mais si ce dernier était davantage habitué aux anciennes et profondes connaissances traditionnelles, ce fait deviendrait peut-être supportable. Sans bouleverser le Taoïsme, le Bouddhisme Zen ou les philosophies de la réincarnation, rappelons qu'autrefois la mort était considérée comme la continuation directe de la vie, que, par exemple, les vieux des campagnes la pressentaient et l'acceptaient sans terreur. Ils achevaient alors sereinement de prendre leurs dispositions pour assurer la bonne marche de la vie familiale, afin que leur disparition permette la poursuite de l'existence communautaire. Ils étaient des plus féconds en conseils moraux destinés aux plus jeunes, véritable héritage éthique, fruit d'une sagesse millénaire accomplie.

Nous devons donc apprendre à accepter la mort, conséquence logique de la vie, apprendre à l'appeler Sœur, imitant en cela saint François, car la mort n'est en réalité qu'un baptême, comme l'un des dogmes centraux de l'ésotérisme le souligne avec justesse.

NDE (Near Death Experience) est le sigle nouveau-né qui nous est récemment parvenu des États-Unis et derrière lequel sont rassemblées les expériences extracorporelles racontées par des individus sur le point de mourir. Bien que la science tente de résoudre toute cette phénoménologie en l'attribuant à la mystérieuse action des encore plus mystérieuses endorphines, sorte d'anesthésique naturel autoproduit par l'organisme en réaction à la douleur, celle-ci présente quelques constantes qui la rapprochent, de façon vraiment surprenante, du dédoublement.

Dans tous les cas, il est, en effet, question d'une sorte de tunnel noir dans lequel le mourant a l'impression de tomber; la sensation de séparation du çorps physique avec la vision fréquente de sa propre dépouille abandonnée sur le lit, la perception d'une lumière très vive et toujours plus proche vers laquelle se diriger et la rencontre de visages de défunts connus et aimés complètent le tableau.

Les théosophes affirment qu'au moment de la mort, la conscience se retire du corps physique et, tout de suite après, du corps éthéré pour se transférer dans le corps astral. Si le mourant était déjà habitué à la pratique du dédoublement, le trépas ne lui semblerait pas très différent d'une sortie normale en astral; connaissant déjà le chemin, étant conscient de l'endroit où il se trouve et de sa condition actuelle, il passerait calmement, pour ainsi dire plongé dans une sorte de rêve serein, d'une dimension à l'autre. Toutes les religions enseignent avec des images plus ou moins colorées, plus ou moins vraisemblables, que la mort ne représente pas, en réalité, une fin mais seulement un passage de condition, un saut de qualité. L'au-delà, l'autre plan habité par nos affections, nos pensées, nos croyances semble véritablement être ce que nous nous étions mentalement figuré, ce qui nous a été raconté, renforcé par la foi de milliers de personnes: le jardin des délices pour le musulman, le Walhalla des héros pour les anciennes tribus du Nord, les régions des Pères et de la Lune pour les Hindous du temps des Védas, le royaume des cieux, royaume de lumière pour les disciples de la religion chrétienne.

Quiconque a atteint le plan astral pour la première fois sans jamais en avoir entendu parler, sans avoir déjà appris, à travers le dédoublement volontaire, “l’art de mourir”, s’expose en revanche à des moments de confusion et d’effroi. Privé du monde physique qu’il connaissait, mais pas encore intégré dans l’astral qui l’attend, le trépassé se sent soudainement seul, perdu. Il peut arriver que, ne se rendant pas immédiatement compte de son nouvel état, il tente de parler et d’agir sans y parvenir. Étonné, il revoit comme dans un film toute sa vie passée, il rencontre les défunts de sa famille, les âmes semblables à lui, mais il perçoit avec la même netteté les vivants auxquels il croit encore pouvoir se comparer. Les trois premiers jours ainsi écoulés, les plus difficiles car il voudrait encore retourner en arrière, dans le monde physique par lequel il se sent attiré de nouveau et vers lequel la douleur des vivants le rappelle, il demeure dans un état nébuleux, confus pendant 2 ou 3 autres mois durant lesquels il prend progressivement conscience de ce qui est en train de se produire.

Il commence ainsi à s’apercevoir du changement survenu dans sa propre perception: il est maintenant en mesure de voir le mouvement des atomes, les sentiments et les émotions des personnes qu’il aime. Il découvre l’absence de la douleur et de la fatigue; ses désirs se matérialisent instantanément. Le défunt, poursuit la description des théosophes, n’éprouve pas la même impression de séparation que les vivants ressentent à son égard; il n’a effectivement pas perdu les vivants: il continue à les voir et à être influencé par leurs réactions, leur affection, leurs larmes et leurs prières.

Le séjour dans l’astral, que l’on peut rapprocher du Purgatoire de la religion chrétienne, toujours selon la théosophie, n'est pas éternel. Passé un délai de plusieurs années, environ de vingt à quarante, l'entité, purifiée par l'attachement aux plans inférieurs, tend à monter vers des niveaux progressivement plus subtils où l'on mène une existence de plus en plus libre et heureuse. Les prières et l'affection des vivants agissent positivement dans ce sens en accélérant la désagrégation du corps astral et, par conséquent, le passage de niveau. Seul celui qui est attiré de nouveau vers le monde par l'attachement matériel, le souci de sa propre famille ou qui a subi une mort soudaine et violente vit ce séjour comme une expérience douloureuse, relégué dans une triste solitude.

Il y a environ cinq ou six mille ans, les anciens Égyptiens avaient institué un rituel complexe à accomplir sur la momie, appelé "ouverture de la bouche" et destiné précisément à secouer le mort de cette torpeur étonnée et nostalgique, en l'éveillant à la joie sereine de l'au-delà. Dans ce lieu, on peut en effet jouir pleinement de la beauté et de la musique, de l'amitié, de l'amour, de la compagnie d'êtres similaires par l'élévation, la langue, la foi; se déplacer à la vitesse de la lumière, puiser dans les connaissances infinies des réservoirs akashiques, le précieux "ordinateur" astral où est enregistrée toute la mémoire du monde, réconforter, conseiller, protéger, voire même sauver de la mort les êtres chers (si leur karma n'a pas encore disparu), influencer les auteurs, les artistes, les savants afin de poursuivre de loin leurs œuvres dans le monde: tout ici revêt la couleur de la réalité.

Souvent le mourant, attiré peut-être par le désir de revoir encore une fois une personne aimée et absente, lui apparaît à l'instant même ou quelques heures avant le décès. D'autres fois, la fuite du corps subtil sous la forme d'un nuage violacé est clairement perçue par tous les êtres présents. Il arrive par ailleurs que le mourant, sans se manifester visuellement, parvienne à signaler sa propre mort par des coups, des voix ou d'autres phénomènes de télékinésie (arrêt de pendules, déplacement d'objets, etc.). Les Tibétains qui sont, sans aucun doute, passés maîtres dans l'art du trépas, possèdent une catégorie de prêtres spécialisés dans l'aide aux mourants. Dans les instants précédant immédiatement le passage de dimension, ils ont l'habitude de comprimer les artères du cou de façon à maintenir la conscience éveillée. En effet, la qualité de la vie future dépend, selon leurs croyances, de ce flux continu de conscience.

"Ô toi, fils de noble naissance", prononcent-ils suivant les préceptes du *Bardo Thödol*, "l'heure est venue de chercher le sentier. Tu es sur le point d'expirer. Tu te trouves face à face avec la Lumière claire que tu connaîtras dans la Réalité, dans l'état intermédiaire où tout ressemble à un ciel vide et sans nuages, et où l'esprit est un vide transparent. Maintenant reconnais-toi toi-même."

Quoique notre foi s'écarte considérablement de la leur, il est toujours de bonne règle, sur le plan également purement psychologique, d'apprendre à mourir doucement, naturellement et à aider les personnes chères qui nous précèdent à travers ce passage à l'effectuer sans douleur. En présence d'un mourant, bien que cette expérience nous trouble et nous afflige, il est indispensable de réussir à émettre des pensées de calme, de paix et d'azur. Baissez les lumières, allumez un bâtonnet d'encens, éloignez les étrangers.

Le mourant éprouve dans ces instants une grande peur, et c'est seulement en lui tenant une main, en le caressant, en le rassurant que celle-ci peut être exorcisée. Focalisez son attention sur un point lumineux qui se transforme progressivement en une porte: le seuil du pays enchanté qui l'attend. Continuez à lui parler, accompagnez-le de la voix au-delà du seuil; l'ouïe est le dernier des cinq sens à s'éteindre... Vous aurez tissé autour de son corps physique un cocon de fil doré éthéré le protégeant des entités inférieures et des larves qui pourraient tenter de l'occuper dès qu'il l'aura quitté.

Après la mort, entourez le cadavre des objets qui lui sont chers, en excluant toutefois les photographies d'autres défunts mais surtout de personnes encore vivantes. Les défunts apprécient les fleurs, les lumières, les prières. En revanche, la douleur de ceux qui restent, l'incapacité de se résigner, le plan privé d'espoir ne font que les troubler en les ancrant dans un monde matériel auquel ils n'appartiennent plus.

Cas historiques

L'histoire nous transmet une galerie variée de "grands" du dédoublement: des pyramides aux gratte-ciel, un cortège bien fourni de saints, de philosophes, d'artistes nous démontre que le dédoublement peut constituer un phénomène précis et prégnant, doté d'une réalité qui dépasse le simple rêve.

Le premier à diffuser en Occident des notions et des techniques concernant le dédoublement volontaire fut Paul Twitchell, qui affirme les avoir reçues par l'intermédiaire de visites astrales de maîtres tibétains. Mais, s'il est vrai que les hommes sont partout les mêmes, il devait s'agir davantage d'une redécouverte que d'une découverte réelle. Plutarque de Chéronée, dans ses *Délais de la justice divine*, parle déjà d'un certain Thespesios qui, après un coma de trois jours provoqué par un traumatisme crânien, raconta qu'il était tombé dans un gouffre mais qu'il avait continué de respirer sans difficulté. Il déclara ensuite avoir vu les objets de tous les côtés en même temps, s'être déplacé à très grande vitesse, avoir observé les astres, parlé avec les morts (qui avaient une boule de feu sur la tête) et avoir finalement été violemment happé par son corps. Le contenu de cette description laisse penser qu'il s'agit d'une extériorisation en bonne et due forme. Ce n'est bien entendu pas la seule dans l'histoire ancienne: Platon, Aristote, Porphyre, saint Augustin y font également allusion, Tacite mentionne les dédoublements de Basilide, et Plotin, Apollonios de Thyane et Simon le Magicien semblent en avoir été des pratiquants convaincus.

Après un Moyen Âge silencieux, opprimé par la peur du diable, le dédoublement refait surface à partir de la Renaissance, réunissant paradoxalement les saints et les sorcières. Pour ce qui est des phénomènes liés aux saints, parmi lesquels sainte Catherine de Ricci, saint Pierre d'Alcantara, saint François d'Assise, saint Philippe Néri, sainte Lidwine, le père Pie, l'Église n'admettant pas l'existence de corps intermédiaires suppose l'intervention d'un ange qui prend l'apparence du saint tandis que celui-ci est transporté, corps et âme, ailleurs. Le Pape Clément se serait alors réellement rendu à Florence pour consacrer, sur ordre de saint Pierre, une église bien qu'il ait continué à dire la messe à Rome, remplacé en réalité par son ange. La même chose serait arrivée à saint Alphonse de Liguori, accouru pour réconforter le Pape mourant sans pour autant avoir jamais quitté son diocèse d'Arienzo, et à saint Antoine de Padoue présent simultanément en Espagne pour prêcher et dans sa ville natale pour disculper le père poursuivi en justice. Ou bien encore à saint François Xavier qui, dit-on, aurait secouru une chaloupe entre la Chine et le Japon tout en demeurant sur son propre navire, sous les yeux des marins, et à sainte Marie d'Agréda, missionnaire au Mexique où elle ne s'est jamais physiquement rendue.

Cependant, lorsqu'il s'agit des "sorcières" qui sous la torture et contre une promesse de libération avouent être allées au Sabbat en volant, grâce à des onguents magiques, en laissant toutefois leur corps endormi dans leur lit, on voit l'accusé, le partisan du phénomène, passer brusquement de l'état d'ange à celui de démon.

La tempête de l'Inquisition une fois calmée, si l'Illuminisme se moque du phénomène et l'accuse de manquer de fondement, le Romantisme s'en empare avec avidité: presque tous les poètes et les écrivains de l'époque, de Goethe à de Musset, de Shelley à Tennyson, ont au moins un dédoublement à raconter. Durant les décennies suivantes, quand dans chaque salon respectable les tables se soulèvent et les coups se font entendre dans les murs, Eusapia Palladino, Élisabeth d'Espérance et bien d'autres, célèbres ou méconnus, viennent enrichir les chroniques de l'expérience du dédoublement. Enfin notre siècle, qui a été témoin d'une diminution très rapide du pouvoir ecclésiastique et des valeurs religieuses en général, compensée par une forte montée d'intérêt pour l'Occultisme et les philosophies orientales, laisse une place de plus en plus grande au phénomène du dédoublement, étudié également en laboratoire. Les expériences personnelles d'Ingo Swann, Sylvan Muldoon, Robert Monroe focalisent toujours l'attention du public sur ce sujet. Les phénomènes de dédoublement prolifèrent, les recueils de récits et les statistiques apparaissent. Très nombreux sont ceux qui affirment aujourd'hui avoir vécu au moins une fois une expérience d'extériorisation. Mais naturellement, compte tenu du ferment progressif de l'intérêt, de l'attraction, le voyage astral porte à l'heure actuelle en lui les dangereux germes de la suggestion.

Combien de phénomènes relatés ont un réel fond de vérité, de crédibilité? Combien se sont réellement dédoublés et combien, en revanche, ont simplement affirmé le faire, afin d'attirer l'attention, pour ajouter un peu de rêve à l'existence monotone et morne que la société de consommation leur impose, pour le besoin inconscient de fuir, de s'évader, quitte à s'abuser eux-mêmes? La science pourra peut-être fournir 50% environ de la solution de cet épineux problème: l'autre moitié dépend de chacun des chercheurs, dont l'honnêteté d'intentions et la soumission humble et totale à la Connaissance avec un C majuscule permettront de compléter la réponse.

L'Astral à la lumière de la science

La science a déjà tenté à plusieurs reprises de cultiver le dédoublement en laboratoire, obtenant des résultats positifs, mais certainement pas excellents. Comme tout dans le vaste monde du paranormal, l'art du dédoublement résulte aussi d'une pluralité de facteurs dont la reproduction artificielle simultanée paraît quasiment impossible. La rationalité appréciable de la science doit être soutenue par cette souplesse, par cette étincelle d'infini qui lui manque encore; en même temps, la foi a besoin de la lucidité de la science, faute de quoi elle se transforme facilement en suggestion. C'est uniquement grâce à l'expérience de symbiose que la science et la foi pourront conduire à la véritable Connaissance, avec un C majuscule, délivrée de la superstition et de l'autosuggestion, mais sans pour autant être froide ou répétitive.

Le mot d'ordre de la science est: vérifier ou prouver la réalité d'un phénomène. Et quand le phénomène est un dédoublement, les preuves peuvent être les suivantes:

— sa visibilité par plusieurs personnes;
— son action tangible sur la matière.

Jusque là, on ne peut rien objecter. Si les méthodes adoptées sont contestables, les buts poursuivis par la science ne le sont certes pas. En effet, celle-ci tend à se rapprocher du paranormal, catégorie impalpable et inqualifiable dont font également partie les expériences de dédoublement, comme s'il s'agissait de phénomènes physiques identifiables et renouvelables à volonté. Vous pouvez prendre, par exemple, une marmite d'eau et la placer sur le réchaud, à la pression atmosphérique: après un certain nombre de minutes le liquide entrera en ébullition. Choisissez maintenant un sujet, un individu qui maîtrise suffisamment la technique du dédoublement et qui l'ait expérimentée personnellement plusieurs fois, mettez-le dans une chambre tranquille, sur un lit rigide orienté vers le Nord, couvrez-le bien et dites-lui "dédouble-toi". Il se dédoublera probablement, mais il se peut aussi qu'il n'y parvienne pas ou que, pire encore, se sentant observé et ne réussissant pas à produire le moindre phénomène, il finisse par simuler, en se mentant aussi souvent à lui-même, le succès d'une expérience à l'issue en réalité négative.

Les instruments mis au point par la science ont beau être sophistiqués, les expérimentations préparées et les sujets examinés sérieux, les résultats d'une étude de laboratoire laissent toujours sceptique. Trop de facteurs subtils concourent à la réussite d'une expérience, des facteurs qui sont très rarement tous présents au même moment et que l'on peut difficilement déterminer à volonté. Le jeu secret des étoiles dans le ciel, la plus ou moins grande disponibilité intérieure pour la collaboration, la vibration, le biorythme, l'anxiété ou la confiance du sujet étudié, son état de santé, la tranquillité psychique, l'humidité et la température atmosphérique, l'accord avec les opérateurs, le magnétisme terrestre et des dizaines d'autres facteurs interviennent, se renforcent ou s'affaiblissent réciproquement, et rendent l'expérience chaque fois différente, faisant donc de chacun des dédoublements un cas "unique".

Malgré cela, les tentatives accomplies dans cette direction ont été nombreuses. Le double a été photographié plusieurs fois soit à l'instant précis de la mort, soit dans les moments normaux de l'existence, apparaissant dans la même attitude que le corps physique, à côté ou derrière lui. De même, un écran traité au sulfure de calcium et exposé durant quelques instants à la lumière du soleil met en évidence la visibilité du double qui, au bout de trente secondes, l'illumine.

Soumis au dynamographe, au cours des expériences de Malta et Zaaberg van Zelst, le corps subtil a démontré qu'il pouvait s'étendre et se contracter à volonté. Il conduit le courant électrique, il est régi par la loi de la gravité, il a un poids spécifique de 12,24 milligrammes et une composition particulière de petits atomes très espacés, ainsi qu'une densité proche de celle de l'atmosphère. Duncan Mac Dougall a approfondi la question du poids du corps astral en pesant ses propres patients tout de suite avant et immédiatement après le décès: il a noté une différence pondérale de 51 à 70 grammes. Un résultat bien différent de l'hypothèse avancée par A.J. Davis, selon laquelle le poids du corps astral s'élevait aux alentours de 30 grammes maximum.

Stuart Blue Harar a, quant à lui, travaillé sur les manifestations du double extériorisé, grâce à quelques expériences de dédoublement intéressantes destinées à influencer un chaton choisi au préalable, celui-là et pas un autre pouvant se trouver dans les environs. En outre, Stuart a mis en évidence le pouvoir réel du fantôme en plaçant au plafond de la chambre, hors de la portée des sens physiques de l'expérimentateur, un dispositif spécial qui, par l'intermédiaire d'une production continue de nombres fortuits, aurait démontré la sortie effective du corps astral, invalidant ainsi l'hypothèse télépathique du phénomène. Personne, en effet, ne pouvait connaître à l'avance et transmettre par la pensée des nombres qui n'étaient révélés et contrôlés qu'au terme de l'expérience.

Les expériences effectuées sur le double ont également démontré le transfert effectif de la conscience et la réalité du phénomène de la répercussion. On peut toucher, voire blesser le corps physique: le sujet dédoublé paraît ne rien ressentir. En revanche, il manifeste une vive réaction dès que l'expérimentation est déplacée du corps physique au double. De plus, en effectuant de petites lésions ou brûlures exclusivement sur le fantôme, sans toucher le corps matériel, on a pu remarquer au réveil des marques et des abrasions sur les parties physiques correspondantes.

Et nous n'en sommes qu'aux débuts. De nouvelles expériences seront probablement effectuées, de nouveaux dispositifs seront mis au point; l'ère de l'ordinateur ne peut que pousser les choses dans cette direction. Mais c'est seulement lorsque la science acquerra cette souplesse, cette étincelle qui lui manque et qui rend trop souvent l'expérimentation en laboratoire froide, artificielle et quand, d'autre part, le phénomène occulte et mystique sera débarrassé de cette aura de fanatisme et de cet esprit acritique qui l'ancre dans les modes, dans le contingent, que l'on commencera enfin à se diriger d'un pas ferme vers la vraie connaissance.

Le paranormal, dédoublement inclus, n'est pas une délicate fleur de serre que l'on cultive dans l'asepsie du laboratoire; ce n'est pas non plus le phénomène de foire ou le petit jeu à la mode qui permet de se faire remarquer sur la plage. Plus normal, plus naturel que le terme lui-même ne le laisse supposer, il représente plutôt un don, une capacité, ordinaire peut-être autrefois, et dont la société de consommation et de la précipitation nous a malheureusement progressivement privés. N'oublions pas cependant que, grâce à la pratique constante et à une conscience sereine de la réalité des faits, assaisonnée d'une pincée de calme et d'un soupçon de foi, nous pourrons graduellement la recouvrer.

Récapitulatif

LE DÉDOUBLEMENT

Dédoublement: projection du corps subtil et permanence temporaire, plus ou moins manifeste, au dehors de l'enveloppe physique.

Quand se dédouble-t-on? Mort, coma, évanouissement, anesthésie, chute, traumatismes, accidents, choc, sommeil, maladie, accouchement, stress, intoxication, asphyxie, anoxémie, transe, hypnose, pratiques du yoga, utilisation de stupéfiants.

Comment cela se passe-t-il? Volontairement, au moyen de techniques particulières; involontairement, surtout pendant le sommeil. En état de conscience totale; conscience partielle; inconscience. Partiellement ou totalement.

Classification des phénomènes de dédoublement:
— sensation de manque d'un membre du corps;
— dédoublement avec conscience dans le corps physique;
— dédoublement avec conscience dans le double;
— dédoublement non conscient;
— dédoublement conscient dans le corps physique et dans le corps astral.

Combien de temps cela dure-t-il? De quelques instants à des mois entiers, dans le cas des ascètes enterrés vivants.

Qui se dédouble? Les personnes: hommes, femmes, enfants (mais il vaut mieux ne pas y procéder volontairement pendant l'enfance ou la vieillesse). Les animaux (plus rarement).

Les conditions indispensables au dédoublement: relaxation musculaire accompagnée d'une tension mentale provoquée par le désir de se dédoubler, l'envie de revoir des personnes aimées, le besoin inassouvi d'aliments et de boissons.

LE CORPS ASTRAL

Classification des corps subtils:

— corps physique préposé aux fonctions physiologiques;
— corps éthérique, préposé à l'absorption de l'énergie subtile;
— corps astral, siège des émotions;
— corps mental, siège de l'intelligence;
— corps causal, siège de la volonté et de la mémoire.

Le corps éthérique et le corps astral sont les seuls qui puissent se dédoubler. À la différence de l'âme, les corps subtils ne sont pas éternels: ils sont constitués de matière éthérée et, après la mort du corps physique, ils deviennent de plus en plus impalpables en passant à d'autres niveaux, jusqu'à la désintégration totale de la matière qui les compose. Ils connaissent donc la survie *post mortem*.

LA CORDE D'ARGENT

Lien permanent, capable de s'étendre à l'infini entre le

corps physique et les corps subtils, elle est rompue à l'instant de la mort seulement.

Forme: cylindrique ou plate.

Dimensions: 4 ou 5 centimètres de diamètre au point d'attache avec le corps physique; elle atteint l'épaisseur d'un fil à 5 ou 6 mètres de distance du corps physique.

Caractéristiques: luminosité, élasticité, résistance, souplesse.

Aspect: blanc argenté au moment de la sortie du corps physique; foncé, opaque, dur, au moment de la rentrée dans le corps physique.

Point d'attache avec le corps physique: racine du nez, nombril, nuque ou derrière les épaules.

LES SUJETS LES PLUS ADAPTÉS

Conditions particulières du dédoublement: volonté, capacité de se détendre.

Individus adaptés selon leur tempérament:

— nerveux (Terre);
— nerveux-bilieux (Terre-Feu);
— nerveux-sanguins (Terre-Air);
— nerveux-lymphatiques (Terre-Eau);

Les moins adaptés: les sanguins purs (Air) en raison de leur tendance aux hallucinations.

Le tempérament peut être toujours corrigé par un régime et le style de vie.

L'âge le plus indiqué: entre 20 et 70 ans.

L'expérience est interdite aux enfants, aux femmes pendant leurs cycles menstruels ou en période de ménopause, aux personnes très handicapées, aux psychopathes.

ÉTHIQUE

- Vivre en vertu de la juste mesure des choses.
- Non à tous les excès, à la consommation outrancière, à l'arrogance.
- Oui aux pratiques du yoga et à la méditation.
- Oui à un régime intégral, pauvre en produits animaux et oui encore au jeûne.
- Non à l'alcool, au tabac, aux drogues.

TECHNIQUES PRÉPARATOIRES

- Relaxation de chaque zone du corps.
- Respiration contrôlée et alternée (avec rétention du souffle).
- Concentration.
- Méditation (avec une répétition éventuelle d'un mantra).
- Visualisation.
- Renforcement de la volonté.

• Renforcement du Moi.

• Techniques pour le renforcement de la mémoire.

• Techniques préparatoires spécifiques au dédoublement (en employant des objets spéciaux).

LE CHOIX DU MOMENT PROPICE

Des moments particulièrement adaptés au dédoublement:

— équinoxes et solstices (21/3, 21/6, 23/9, 21/12);
— pleine lune et nouvelle lune;
— nuits magiques (30 avril, 24 juin, 31 octobre);
— période comprise entre le 4 et le 30 mai et entre le 11 et le 24 septembre;
— heures nocturnes (en particulier entre 22 heures et 3 heures);
— heures dominées par Jupiter selon le calendrier des heures planétaires.

L'HABILLEMENT

• Vêtements confortables et chauds.

• Les ceintures, les chaussures, les objets métalliques sont interdits, les couvertures déconseillées.

• Vêtements de couleur violette, bleue ou blanche.

• De préférence le lin, le coton et la laine. Évitez la soie et les fibres synthétiques.

L'ENVIRONNEMENT

De préférence un lieu chargé magnétiquement (à vérifier à l'aide d'un pendule).

Nécessité de silence, isolement (fenêtres et portes bien fermées, tapis isolants par terre, débranchez le téléphone).

Lit dur ou matelas par terre, tourné vers le Nord. Créez l'atmosphère adéquate, grâce à une musique douce et à la présence d'un bâtonnet d'encens.

Conditions de base spéciales:

— température assez élevée;
— absence d'électricité atmosphérique;
— pression supérieure à 760 millimètres de mercure;
— absence d'humidité;
— obscurité totale ou bien faible lumière bleue ou rouge;
— absence totale de bruit;
— solitude; si la présence de témoins est nécessaire, choisissez des personnes sympathiques, tranquilles. Évitez les sujets agités, trop décidés ou impressionnables.

Écartez impérativement: les inconnus, les femmes pendant leur période de règles, les animaux, en particulier les chats.

PRÉPARATION AU DÉDOUBLEMENT

Que faut-il faire le jour de l'expérience?

— un jeûne ou un repas très léger (riz à la vapeur, thé) bien à l'avance;

— un bain tiède très salé.

Débranchez le téléphone, fermez les portes et les fenêtres, éloignez les étrangers.

TECHNIQUES DE SORTIE CONSCIENTE

• Technique de la vague bleue:

— relaxation totale;
— imaginez que vous vous effondrez ou que vous vous levez de terre;
— visualisez une vague bleue allant des pieds jusqu'à la tête;
— contrôlez la respiration;
— sortez en astral par les pieds.

• Technique pour ceux qui sont déjà habitués au dédoublement:
— endormez vos sens;
— concentrez-vous le plus possible sur la volonté intense de vous dédoubler;
— dirigez votre concentration sur une flamme, sur la racine de votre nez, sur un vortex, un cône, etc.

• Techniques pour la sortie partielle: dédoublement limité à un membre du corps.

TECHNIQUES POUR LA SORTIE INCONSCIENTE

• Technique n° 1: visualisez tous les procédés suggérés pour la sortie consciente, puis endormez-vous. Contrôlez la trame de vos rêves.

• Technique n° 2: méthode du sommeil guidé:

— apprenez à contrôler les phases de l'endormissement;
— représentez-vous, à l'état de veille, une scène onirique inductive;
— opérez-y le transfert de vous-même.

LA SORTIE EN HYPNOSE

L'hypnose est une forme de suggestion mentale finalisée, fondée sur l'induction verbale ou magnétique d'un état de transe à différents niveaux de profondeur. Dans le cas du dédoublement, l'induction devra être provoquée par l'ordre de se dédoubler et de rentrer dans le corps après un certain laps de temps, et suivie par d'éventuelles tâches à exécuter pendant la projection (déplacement d'objets, visite perceptible par autrui, empreintes, traces, etc.)

TECHNIQUES DE DÉDOUBLEMENT LIÉES AU YOGA

Visualisation des centres subtils: *Manipûra*, *Anâhata* et *Sahasrâra* par: *yantra*, *mantra* (ram + yam) et *âsana* (*Mandukâsana*, *Salabhâsana*, *Dhanurâsana*, *Padangusthâsana*, *Utrâsana*, *Parvottâsana*, *Halâsana*, *Karnapidâsana*, *Utkatâsana*, *Uttanâsana*, *Salamba Sarvangâsana*, *Sirsâsana*). Utilisation du mantra du nom: répétition monocorde et continue de son propre nom, essence de la personnalité de l'individu.

DANGERS ET SYSTÈMES DE PROTECTION

Dangers physiques: problèmes affectant les systèmes circulatoire et nerveux, traumatismes, paralysies temporaires, nausées, tachycardie.

Phénomènes de répercussion sur le physique.

Enterrement par diagnostic erroné de mort.

Danger pour le corps subtil: phénomènes de nature électrique, foudres, explosions.

Habitants mal intentionnés des autres niveaux: larves, ombres, enveloppes vides.

Systèmes de protection physiques: encens, cuvette d'eau, cercle de sel.

Protections occultes: cocons de matière astrale, cercles magiques, enveloppes éthériques.

Protecteurs invisibles: esprits-guides, anges gardiens.

CARACTÉRISTIQUES DU SUJET EN ASTRAL

Symptômes du dédoublement: sensation de vacuités cérébrale et stomacale, douleur, torpeur, frissons ou chaleur. Vibrations à la nuque, vertiges, tressaillements. Sensation de flottement ou de chute: souffles et chatouillement au visage, sensation d'étouffement et paralysie des membres, perception de lueurs. Corps physique quasi cadavérique: baisse de température, chute de tension, battement du cœur lent, pâleur. Émission d'ondes cérébrales à basse fréquence.

Après la sortie: perception du corps physique comme une chose sans intérêt. Sensation de liberté, euphorie, vitalité, extrême positivité. Absence de poids, de dimension, de temps. Sens plus forts. Vue unidimensionnelle et souvent symétrique, perception de la structure de la matière, des rayons infrarouges et ultraviolets. Perception auditive de sifflements, de bruits, de musique, d'infrasons et d'ultrasons. Sensations tactiles exaspérées.

Mouvement: flottement horizontal; la position verticale est prise seulement à une distance de 1 à 2 mètres du corps physique. Déplacement à la vitesse de la lumière.

Où va-t-il? En direction du plafond au-dessus du corps; en d'autres endroits à proximité des personnes aimées. Dans d'autres niveaux (niveaux éthérique, astral).

Les rencontres: vivants en astral, morts, maîtres spirituels, esprits-guides, animaux astraux, enveloppes vides, larves, ombres, élémentaux, formes-pensées, gardiens des seuils.

Émotions éprouvées au retour: déterminantes pour les projections futures. Un dédoublement satisfaisant augmente le désir de nouvelles sorties en astral.

Une très grande anxiété et la peur bloquent ou retardent les possibilités de nouvelles expériences.

EMPLOI DU DÉDOUBLEMENT

- Recharge énergétique.
- Renforcement des facultés extra-sensorielles (ESP).
- Télédiagnostic et projection à distance.
- Déplacement en des lieux lointains ou dans d'autres niveaux.
- Accès aux archives akasiques (la mémoire du monde).
- Action directe sur la matière (apports, matérialisation, lévitation).
- Production de traces, d'empreintes.
- Communication avec les morts.
- Possession d'animaux (zooanthropie).

• Communication subtile avec les vivants: télépathie, chaîne, écriture automatique, oui-ja.

EXPÉRIENCES À DEUX

Expériences réalisées avec des sujets réceptifs

Individus interactifs: expérimentateur (actif, yang) et sujet réceptif (passif, yin).

Caractéristiques indispensables au sujet réceptif:

— sympathie, compatibilité psychologique et astrologique: il est préférable que le partenaire soit un ami;
— force nerveuse, énergie subtile, résistance aux hallucinations, sang froid, réceptivité, objectivité.

Techniques:

— une date et une heure convenues;
— emploi d'un "témoin" du sujet réceptif (cheveux, parfum, etc.);
— visualisation du chemin à parcourir pour le rencontrer;
— attraction télépathique de la part du sujet réceptif.

Preuves en couple du dédoublement:

— déplacement d'objets;
— phénomènes de répercussion (petites lésions, brûlures, etc.).

Expériences avec un individu ordinaire

Conditions indispensables:

— prévenir le sujet réceptif choisi;
— exclure les enfants, les jeunes filles, les personnes âgées ou malades.

VOYAGES ASTRAUX COLLECTIFS

Condition de base: compatibilité psychologique et astrologique, syntonie, entraînement.

Techniques: dédoublement individuel avec un but commun, dédoublement collectif (en cercle).

Formation de stations de ravitaillement énergétique (chaînes de sujets réceptifs).

TECHNIQUES DU RETOUR

- Retour involontaire: automatique; risque de vertiges, peur, transpiration intense, tachycardie.

- Retour volontaire: indispensable lorsque la corde d'argent apparaît opaque, dure et de couleur foncée. Nécessité d'un acte de détermination. Parcourir de nouveau, à reculons, les étapes franchies pour la sortie:

— onde rouge de la tête jusqu'aux pieds;
— induction hypnotique au réveil;
— passes magnétiques de la tête jusqu'aux pieds.

Pratiquez des micromassages — réouvrez les yeux — étirez-vous; buvez un verre d'eau avec quelques grains de sel.

Glossaire

Acupuncture: branche de la médecine qui traite la maladie (déséquilibre énergétique) par insertion d'aiguilles très fines en des points du corps bien spécifiques situés sur des lignes du corps bien spécifiques, les méridiens, en vue de rétablir la circulation de l'énergie.

Akasa: d'après la philosophie hindoue, éther ou cinquième élément cosmique où résideraient les traces de tout ce qui est arrivé, arrive et arrivera au monde.

Aura: halo lumineux de différentes couleurs, entourant le corps de l'homme, de l'animal et du végétal. Il n'est visible que pour ceux qui possèdent des pouvoirs de clairvoyance ou grâce à la caméra Kirlian.

Bandha: forme de contrôle corporel dans la tradition yogique, fondée sur la contraction de muscles et d'organes.

Bija: syllabe sacrée (en sanskrit "grain") liée au réveil des centres subtils *chakra*.

Bouddha: fondateur d'un grand mouvement religieux indien, puis tibétain et chinois. Il a vécu au VIe siècle av. Jésus-Christ. En partant du principe que la vie est souffrance, il atteint, par la renonciation, l'annulation totale (le *nirvana*).

Catalepsie: état de sommeil hypnotique où le sujet garde les membres de son corps dans la position qu'on leur a imposée.

Chaîne: pratique spirite où les participants forment une chaîne, en posant à plat sur la table leurs mains reliées par les auriculaires.

Chakra: les sept centres d'énergie subtile situés, d'après la doctrine hindoue, le long d'un axe vertical partant de la base de la colonne vertébrale jusqu'au sommet de la tête.

Chamanisme: religion d'Asie, d'Amérique latine et d'Afrique. L'intermédiaire avec les esprits est le *chaman*, mage doué de pouvoirs paranormaux.

Chromothérapie: forme de médecine naturelle fondée sur l'emploi de la vibration chromatique dans le diagnostic et dans le soin des maladies.

Clairvoyance: faculté paranormale de percevoir, à travers les sens subtils, des faits, des objets, des personnes lointaines ou en tout cas cachées derrière un écran opaque.

Désincarné: entité ne possédant plus de corps physique.

Ectoplasme: concrétisation du fluide psychique par la création de formes visqueuses et vaporeuses.

Élémentaire: enveloppe astrale, reste d'une créature humaine en état de désagrégation.

Élémental: esprit de nature semi-intelligente lié aux quatre éléments: air (sylphes), terre (gnomes), feu (salamandres), eau (ondines).

Enveloppe: cadavre astral d'une entité décidée à ne pas abandonner ce niveau, bien qu'il soit grand temps pour elle de transmigrer dans des mondes plus subtils.

Équinoxe: début du printemps et de l'automne (21/3-23/9) lorsque le jour et la nuit ont la même durée.

Ésotérisme: doctrine des connaissances secrètes réservée aux initiés ou aux adeptes d'un certain savoir.

ESP: dénomination attribuée par le professeur Rhine aux facultés parapsychologiques de perception et de communication ultra-sensorielle.

Exotérisme: étude des connaissances accessibles à tout le monde.

Fakir (de l'arabe *faqir* = pauvre): magicien musulman ou hindou possédant des capacités occultes qu'il utilise de manière spectaculaire.

Fluide: élément mystérieux qui expliquerait un certain nombre de phénomènes parapsychologiques.

Forme-pensée: matérialisation ou paramatérialisation de la pensée humaine se concrétisant dans notre dimension.

Gardiens des seuils: monstres mythiques traditionnels de la culture tibétaine préposés au contrôle de l'entrée d'autres mondes dont ils interdisent par des manifestations terribles l'accès aux personnes non initiées.

Guna (en sanskrit = qualité): ce sont les trois états dans lesquels se repartit la réalité, notamment suivant les aliments: *sattwici* (purs), *rajasici* et *tamasici* (impurs).

Hallucination: erreur sensorielle, perception qui ne se fonde pas sur un objet ou un fait extérieur, ni matériel, ni immatériel.

Idéoplastie: action de la force psychique sur la matière.

Initiation: cérémonie qui transforme l'homme commun

en un initié, c'est-à-dire en une personne introduite à la voie de la connaissance.

Ka: selon les théories de l'Ancienne Égypte, il s'agissait du "double immatériel du corps physique". Correspond à notre corps astral.

Karma (en sanskrit = action, travail): pour les Hindous, c'est la divine et éternelle de cause à effet gouvernant le destin de l'univers.

Kundalinî: énergie serpentine qui, selon l'ésotérisme tantrique, est endormie à la base de la colonne vertébrale. Elle monterait à travers les sept *chakra* en réveillant les facultés paranormales latentes.

Larve: esprit désincarné de bas niveau moral qu'assoiffe particulièrement l'énergie subtile des vivants; il s'en nourrit pour prolonger son existence.

Lévitation: capacité paranormale de surmonter la force de gravité et de se soulever au-dessus du sol, grâce à l'énergie mentale.

Magnétisme: influence exercée par un individu sur ses semblables à l'aide de mouvements dits "passes" lesquels provoquent des émanations de fluide.

Mantra: son mystique indien doté d'un pouvoir vibratoire particulier, employé dans des buts magiques de méditation.

Matérialisation: formation paranormale d'objets de matière éthérique condensée.

Médium: intermédiaire humain entre les hommes et les esprits doté d'une sensibilité particulière qui lui rend compréhensibles les communications subtiles.

Nâdî (en sanskrit = fleuve): selon le tantrisme, ce sont les

72000 canaux du corps subtil servant à la circulation de l'énergie subtile (*prâna*).

Ombres: habitants malveillants du niveau astral, assoiffés d'énergie subtile.

Oui-ja: tablette triangulaire dotée de petites roues et utilisée pour les communications avec le suprasensible. Elle peut être remplacée par l'assiette, ou le verre, plus communs. Guidée par l'énergie subtile des participants à la séance qui y posent dessus et très légèrement un doigt, elle indique, en bougeant, l'une des lettres de l'alphabet mises en cercle, formant petit à petit des mots, des phrases.

Paracelse (1493-1541): célèbre médecin, magicien et philosophe allemand, auteur d'ouvrages de littérature. Son vrai nom était Théophrast Bombast von Hoheneim.

Passes magnétiques: gestes des mains passées autour du corps du sujet pour l'induire, par un déplacement de l'énergie subtile vers le haut, au cours de l'hypnose.

Possession: entrée d'une entité négative, notamment d'un démon, dans le corps d'une personne.

Prâna (en sanskrit = souffle): énergie subtile, circulant partout dans l'univers, tirée des aliments mâchés soigneusement et de la respiration profonde et contrôlée (prânâyâma).

Prânothérapie: forme de guérison fondée sur le rééquilibre énergétique du patient par l'émission de forces subtiles (*prâna*); on la réalise en positionnant les mains ouvertes sur la partie malade, à une distance de 10 à 20 centimètres.

Précognition: connaissance approfondie du futur, obtenue à travers des perceptions extrasensorielles, la communication avec les morts ou les pratiques divinatoires.

Psychométrie: faculté permettant de préciser l'histoire et les caractéristiques d'un individu inconnu en examinant un milieu ou un objet qui lui sont liés.

Radiesthésie: faculté de percevoir à travers le mouvement du pendule ou de la baguette rhabdomancienne les vibrations subtiles liées à un objet recherché.

Réincarnation: doctrine orientale selon laquelle l'âme, après un séjour dans l'au-delà, revient sur terre dans une autre enveloppe corporelle, jusqu'à ce qu'elle arrive à compléter la roue de l'existence (*samsâra*) en se libérant définitivement de la chair (moksha) et en revenant à l'infini.

Rétrocognition: perception paranormale d'événements passés que le paragnoste ne connaît pas rationnellement.

Sabbat: rendez-vous mythique des sorcières, fixé la nuit du samedi et présidé par le Diable. On y célébrait des rites sataniques, des danses orgiastiques, des banquets cannibales à base de chair d'enfants.

Sâdhu (en sanskrit = bon, puis, plus tard, sage, savant): il désigne le praticien de l'ascèse.

Solstice: début de l'été ou de l'hiver (21/6-21/12), lorsque l'inégalité de durée entre la nuit et le jour atteint son maximum.

Soufisme: école initiatique arabe, teintée de mysticisme, de psychologie et d'ésotérisme.

Tantra (du sanskrit = trame, tissu): voie yogique recherchant l'union entre l'énergie féminine (*shakti*) et l'énergie masculine (*shiva*). Elle a recours parfois, mais pas nécessairement, à des pratiques érotiques.

Taoïsme: courant philosophique populaire chinois, qui a pour base le Tao (1442) et pour but la santé et l'immortalité.

Télédiagnostic: diagnostic effectué à distance par la projection en astral dans le corps du patient, ou en tout cas par des pouvoirs clairvoyants.

Télékinèse: faculté de bouger ou de soulever des objets à distance sans contact direct ni indirect.

Télépathie: possibilité de transmettre ses pensées ou de percevoir celles des autres, de près ou de loin, sans l'intervention de la communication verbale, écrite ou gestuelle.

Théosophie: doctrine philosophique secrète, fondée en 1875 par Madame Blavatsky. Mélange d'éléments occidentaux et orientaux.

Transe: état d'inconscience induite en hypnose ou obtenue par une chaîne, idéale pour la production de phénomènes paranormaux, pour le dédoublement et les communications avec l'au-delà.

Typtologie: méthode spirite de communication avec l'au-delà rendue possible grâce aux coups produits par la table à trois pieds que soulève et guide une énergie subtile.

Ultraphonie: phénomène de communication spirite obtenue à travers les cordes vocales du médium, manipulées mystérieusement par des entités qui interviennent.

Yantra: utilisation yogique de dessins symboliques et de formes géométriques fixés dans le but de la méditation. Synonyme de *mandala*.

Yoga: système philosophique indien basé sur le contrôle du corps et de l'esprit, ayant pour but de permettre l'union entre l'individu (*âtman*) et le divin (*brahman*).

Zen: doctrine japonaise d'inspiration bouddhiste centrée sur la vacuité de l'existence et fondée sur la pratique de longues méditations guidées par un maître.

Table des matières

Introduction: l'autre dimension, un monde au-delà de l'espace et du temps.......................... page 5

Voyageurs de l'infini.................................. » 7

Le dédoublement.................................. » 13

Le corps astral.................................. » 21

Le lien mystérieux avec l'éther: la corde d'argent.................................. » 37

Les individus les plus doués pour le dédoublement.................................. » 41

L'éthique.................................. » 49

Les techniques préparatoires.......................... » 51

Le choix du moment propice.......................... » 69

L'habillement.................................. » 75

L'environnement.................................. » 77

Préparation au dédoublement.......................... » 83

Techniques de sortie consciente........................ page 84

Techniques de sortie inconsciente..................... » 93

La sortie en hypnose.................................... » 97

Les preuves.. » 105

Croyances, suggestions et techniques de tous temps et de tous lieux.............................. » 107

Dangers et système de protection.................. » 125

Caractéristiques du sujet en astral................. » 131

Emploi du dédoublement.............................. » 141

Expériences à deux.................................... » 149

Voyages astraux collectifs............................ » 157

Techniques du retour.................................. » 161

Guérir l'astral pour guérir le physique............. » 165

La mort: voyage astral sans retour.................. » 169

Cas historiques... » 177

L'Astral à la lumière de la Science.................. » 181

Récapitulatif... » 187

Glossaire... » 199

Achevé d'imprimer en janvier 2001
à Santa Perpètua de Mogoda (Barcelone), Espagne,
sur les presses de A&M Gràfic

Dépôt légal : janvier 2001
Numéro d'éditeur : 6791